관계의 도구
지금 당장 MBTI

진로 . 리더십 . 스트레스 . 교수법 . 상담 . 커뮤니케이션 . 연애 . 그리고 MBTI

관계의 도구 지금 당장 MBTI

최연희 이주희 전은지 이지선 지음

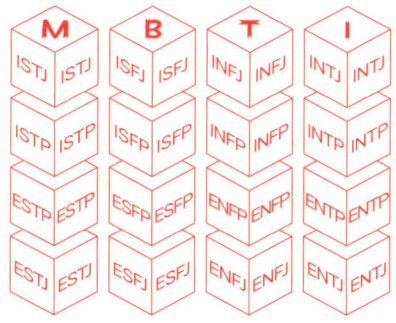

| 기획자의 말 |

MBTI의 인기가 그 어느 때보다도 높은 시기라고 할 수 있다. 교육이라는 것이 사실 인기가 있을 수 있다는 게 말이 되지 않는다. 어떤 정보를 알려주는데 인기가 웬 말인가? 하지만 현실에서는 실제로 벌어졌다. MBTI를 가르치는 전문가가 아닌 일반인들도 너무나 자연스럽게 MBTI를 대화에서 사용한다.

인기가 있다는 것이 무조건 좋다고 하기에는 무리가 있다. 왜냐하면 인기는 올라갔다가 다시 내려가는 때가 있기 때문이다. MBTI의 인기가 떨어질 때는 그 중요도도 함께 떨어질까? MBTI가 말하는 내용을 정확히 안다면 인기와 상관없이 내가 필요한 상황에서 잘 활용할 수 있을 것이다. 그래서 내가 정말로 MBTI를 필요로 하는지 확인을 먼저 해야 할 것이다. 그 필요가 다른 것을 요구할 수도 있고 MBTI일 수도 있다.

인터넷에 들어가 보면 MBTI를 활용한 다양한 분류 자료들을 볼 수 있다. 'MBTI 유형에 따른 여행지 추천' 과 같은 정보에 대해서 어떻게 생각하는가? 재미로 연결해 봤다고 할 수 있지만 사람의 성격을 매우 가볍게 보고 마케팅에 활용한 자료라고밖에 볼 수 없다. 오히려 MBTI 전문가들은 이런 활용에 대해서 비판적이다. 왜냐하면 그것은 정확한 연결도 아니고 적절한 활용도 아니다. MBTI를 더 오해하게 만들 뿐이며 사람의 성격 이해를 방해하게 된다. '그렇지 않다'고 말을 해주면 모두 '스스로 전문가'가 되어서 받아들이지 않기 때문이다. 그냥 분위기 망치지 않기 위해서 진실을 말하지 않게 된다.

MBTI가 많이 확산이 되었다면 이제 필요한 것은 무엇일까? 인기가 떨어지니 다른 것으로 갈아탈 것이 아니라, 제대로 공부를 하는 것이 필요하다. 그래서 이 책을 기획하게 되었다. 먼저 전문가들을 선별했고 올바른 MBTI를 써 보자고 제안을 했다. 모두 동일한 생각을 가지고 있음에 놀랐다. MBTI를 제대로 사용하는 것을 알려주고 싶은 열정으로 이 책을 쓰게 되었으며, 전 국민 MBTI 활용의 수준이 한 단계 높아지기를 간절히 바라는 마음뿐이다.

이 책을 쓰기로 결정하고 처음 만났던 서울역 근처의 한 카페에서의 만남이 떠오른다. 코비드19로 인해 마스크를 쓰는 상황이었을 때 이 책은 출간을 준비하게 되었다. 서로 바쁜 상황이었지만 꾸준히 책에 대해서 이야기를 나누다 보니 책이 완성되었다. 함께해 주신 저자들에게 감사를 드린다. 책을 쓰는 중간에 코로나에 걸려 고생을 한 저자들도 있었다. 하지만 원고를 쓰는 열정은 줄어들지 않았다. 저자들의 진실한 글이 독자들에게 잘 전달되기를 바란다.

목차

008　기획자의 말

1부 나를 위한 관계의 도구 MBTI

01_ MBTI가 뭔가요

- 015　중독이 아닌 중심 잡기
- 017　누가, 왜, 어떻게 만들었을까
- 021　4가지 선호지표
- 030　선호 분명도
- 032　16가지 성격 유형

02_ MBTI 진로에 활용하기

- 049　자기다움으로 행복한 삶
- 052　실패 확률 줄이기
- 068　MBTI 선호지표에 숨겨진 메시지
- 073　마음이 향하는 일
- 079　당신을 움직이게 하는 원동력

03_ MBTI와 **리더십**

- 83 리더의 성장방법
- 86 팀빌더로서의 나
- 93 조직의 고정관념을 깨기 위한 의식적인 노력
- 95 MBTI와 리더십의 상관관계

04_ MBTI와 **스트레스**

- 100 유형별 스트레스 원인과 관리방법

2부 **너를 위한 관계의 도구 MBTI**

01_ MBTI로 **상담하기**

- 125 부부 상담
- 132 부모-자녀 상담
- 138 진로·취업 상담
- 144 상담과 선호성향

02_ MBTI로 바라보는 교수자

- 151 좋은 교수자 결정
- 154 선호지표 조합에 따른 교수자의 모습
- 180 유형별 교수자-학습자 관계 이해
- 184 16가지 성격 유형을 활용하는 교수자

03_ MBTI와 조직 커뮤니케이션

- 191 선호도에 대한 이해
- 192 심리적 역동을 활성화시키는 커뮤니케이션 스킬
- 194 4가지 선호지표별 커뮤니케이션 이해하기
- 200 반대 선호지표와 커뮤니케이션할 때
- 204 성격 유형별 조직 내 커뮤니케이션 스타일
- 213 MBTI를 효과적으로 적용하기 위한 노력
- 215 의사소통을 위한 조언들

04_ MBTI와 연애

- 229 성격 유형별 연애타입

3부 궁금한 관계의 도구 MBTI

261 신뢰를 할 수 있는 검사 도구인가요?

264 선호하는 유형이 정해져 있나요?

266 우리말로 부르는 표현이 있던데요?

267 사람을 유형으로 정한다는 것에 대한 비판이 있던데요?

269 카드로 진단하는 것도 보았거든요?

{ 1부 }
나를 위한 관계의 도구 MBTI

01_
MBTI가 뭔가요

중독이 아닌 중심 잡기

　새로 시작하는 드라마의 첫 회를 보았다. 등장인물을 소개할 때 잠시 영상이 멈추더니 이름과 함께 4가지 해시태그가 등장한다. 그중 첫 번째 해시태그는 MBTI 성격 유형, 그리고 그 사람의 특징 3가지.

　김OO 팀장_ #ISFJ #감성파매니저 #평화주의자 #의리빼면시체
　마OO 총괄이사_ #ESTJ #전략가형매니저 #성과주의자 #야망의아이콘
　천OO 팀장_ #ENTP #충동파매니저 #승부욕의화신 #진지한만남사절

　같은 직업인으로 살아가고 있는 세 사람이 어떤 성격 유형인지 그 특징에 해당하는 대표적 단어로 그들을 표현하고 있다. ISFJ의 따뜻함과 지고지순함, ESTJ의 냉철한 판단력과 일 중심의 추진력, ENTP의 호기심과 열정을 표현하는 키워드는 이전 드라마의 첫 방송에서는 볼 수 없었던 장면이다. 이뿐만이 아니다. 드라마나 예능 등의 방송에서 서로 MBTI 성격 유형이 어떻게 되는지 묻는 것은 이제 심심치 않게 볼 수 있다. 음식점이나 카페에 가도 성격 유형에 대해 이야기를 나누는 사람들의 대화를 자주 듣는다. 이 모습은 이전에 성격을 알기 위해서 혈액형이 어떻게 되는지 묻고 답했던 대화와 비슷하다. 이제는 인프피, 잇프제, 엣팁, 엣프제 등의 용어로 서로에 대해서 묻는데 전혀 어색하

지 않다는 것이다.

　MBTI가 일상의 대화에 등장하는 보편적 용어가 되었다는 점에 대해서 자신에 대해 알리거나 서로를 이해하려는 시도, 대화를 잘하기 위함 등 긍정적으로 볼 수도 있지만 우려가 되는 점이 있는 것도 사실이다. 왜냐하면 MBTI의 본질에서 벗어나 단순히 흥미로, 때로는 자극적으로 보이기 위한 목적으로 다루어지는 자료나 상황들이 많아졌기 때문이다. 근래에는 채용 과정에서 MBTI 결과지를 제출하라고 하거나 MBTI 성격 유형을 바탕으로 자기소개서 작성을 요구하는 회사도 있었다. 더 나아가 특정 성격 유형의 지원을 독려하거나 우대사항으로 적은 곳들도 있다. 입사지원서에 MBTI 유형을 적도록 하는 곳도 있다. 이것은 MBTI를 오해한 사람들이 한 행동이라고 볼 수 있다. 개인의 능력을 평가하는 것이 더 중요한 채용에서 역량과는 관계가 없는 성격에 대한 정보를 요구하는 실수를 범한 것이다. 자기 자신에 대해서 스스로 잘 알고 있는지 참고하기 위해서, 또는 성격의 장단점과 같은 성격적 정보를 활용할 목적으로 MBTI를 알아볼 수는 있겠으나 유형 자체를 채용의 기준으로 삼는 것은 위험하다. MBTI는 사람을 진단하는 도구가 아니다.

　MBTI는 다양한 목적 중에서도 빠르게 변화하는 세상에서 자신이 어떤 사람인지 스스로 중심을 잡고 살기 위해 활용해야 한다. 또한 서로 도우며 협업하기 위해서나 서로를 이해하고 존중하려는 목적으로 활용하는 것이라면 환영할 만한 일이다. 'MBTI 과몰입'이 아닌 'MBTI로 중심 잡기'를 원하는 사람에게 이 책은 유용하고 충분히 의미 있을 것이다. MBTI로 자신을 좀 더 잘 들여다보자. 나는 어떤 사람인지, 언제 편안함을 느끼는지, 어떨 때 행복한지 깊이 있게 탐색해 보자. 그리고 MBTI를 통해 서로를 이해하고, 더 나은 관계로 만들자. 조직이라면 팀워크 또한 더 좋게 만들기 위해 MBTI를 활용해 보자. 이 목적과 의미를 잊지 않고 선을 잘 지키며 MBTI를 사용하자. 이것이 중독이 아닌 중심을 잡는 건강한 모습이다. MBTI로 자신이 주인공인 드라마를 만들어 보자. 이 책을 읽은 후 당신만의 해시태그를 마지막 페이지에 적을 수 있을 것이다.

누가, 왜, 어떻게 만들었을까

주변 사람들을 관찰하다 보면 항상 특정 대상 때문에 힘들어 하는 친구들을 보게 된다.

친구, 직장 동료, 엄마, 배우자, 이웃...

힘든 원인이 무엇인지 대화를 나눠 보면 그 중심에는 '관계'에서 오는 어려움이 자리하고 있다는 것을 발견하게 된다. 무인도에 혼자 들어가 살지 않는 이상 우리는 사람들과 함께 어울려 살아가야 한다. 마트 주인과도 관계를 맺어야 하고 이웃과도 관계를 맺어야 한다. 종종 가는 병원의 의사 또는 약사와도 관계를 맺게 되지 않는가. 만나는 사람들, 특히 나에게 중요한 사람들과 좋은 관계가 되어야 내 삶이 평안하고 내가 원하는 것을 얻기에도 유리하다. MBTI를 통해서 함께 일하는 사람들 간의 관계를 이해할 수 있고, 가장 가까운 가족이 내게 했던 말과 행동도 이해할 수 있다. 특정 사람과 함께 일하는 것이 왜 힘든지도 알 수 있다. 이 책을 읽는 독자가 만약 관계 속에서 어려움을 겪고 있다면 이 책을 끝까지 읽어보기 바란다. 분명 삶이 나아질 것이다. 나에 대한 이해와 함께 타인을 바라보는 렌즈가 하나 더 추가될 것이다. 좋은 아이템을 장착하면 스스로 서는데 더 수월함을 느낄 수 있다. 더 강해졌기 때문이다.

끊임없이 맺을 수밖에 없는 인간관계 속에서 나에 대한 깊은 이해와 함께 타인에 대한 이해도 필요하다. 인간에 대한 이해를 돕는 MBTI는 먼저는 나를 찾도록 도와줄 것이며, 더불어 타인 또한 이해할 수 있게 만들어 준다.

MBTI의 이론적인 토대를 만든 사람은 스위스의 정신의학자이자 심리학자인 「칼 구스타브 융(Carl Gustav Jung)」이다. 융은 사람의 심리 유형을 3가지 차원으로 이야기했다.

첫째, 사람마다 '태도'에 있어 개인차가 있다.
둘째, 사람마다 '선호하는 인식 양식'의 개인차가 있다.
셋째, 사람마다 '선호하는 판단 양식'의 개인차가 있다.

융은 이 세 가지가 합쳐져 사람의 심리 유형이 만들어진다고 주장했다. 융은 자아를 심리적 에너지의 방향에 기반해 외향성과 내향성으로 나누고, 여기에 감각·직관·사고·감정의 네 가지 기능을 더해 8가지 유형으로 명명했다. 융의 심리유형론은 인간 행동이 그 다양성으로 인해 종잡을 수 없는 것 같아 보여도, 사실은 아주 질서정연하고 일관된 경향이 있다는 데서 출발했다. 이 이론을 알게 된 「캐서린 쿡 브릭스(Katharine Cook Briggs)」는 융의 이론을 분석하고 사람들의 다름과 갈등을 이해하고자 하는 연구와 경험적 방법을 통해 MBTI의 뼈대를 만들었다. 그리고 브릭스의 딸 「이사벨 마이어스(Isabel Briggs-Myers)」가 연구를 이어 받았다. 브릭스-마이어스 모녀가 선호지표를 만들고 이를 조합해 16가지 성격 유형을 정의한 것이 마이어스 브릭스 유형 지표(Myers-Briggs Type Indicator)로, 바로 MBTI라 불리는 성격 유형 검사가 된다.

MBTI는 개인이 쉽게 응답할 수 있는 자기 보고(self report) 문항을 통해 인식하고 판단할 때 선호하는 경향을 찾고, 이러한 선호 경향들이 하나하나 또는 여러 개가 합쳐져서 인간의 행동에 어떤 영향을 미치는가를 파악해 실생활에 응용할 수 있도록 제작된 심리검사[1]이며, 무엇보다 인간의 건강한 심리에 기초를 두고 만들어진 심리검사다. MBTI는 자신의 성격 유형을 파악하도록 해 자신을 보다 깊이 이해하며, 진로나 직업을 선택하는 데 도움을 줄 수 있다. 또한 타인에 대한 이해와 대인관계 향상에 긍정적인 영향을 미치는 것을 목표로 한다.

국내에서는 1988년 심혜숙, 김정택 박사가 미국 CPP와 MBTI 한국판 표준화에 대한 법적 계약을 맺고 1990년 정식으로 시작했다. 단순히 영어를 한국어로 번역한 것이 아닌 한국인에 맞

---

[1] 한국MBTI연구소

게 연구를 거듭해 통계를 정교화해서 표준화 작업을 거쳤다. 지금 전 세계의 기본 버전은 1998년에 나온 Form M 버전으로, 한국은 2012년에 이 버전의 표준화를 완료했고, 2013년부터 지금까지 사용하고 있다. 좀 더 세분화되고 정밀한 검사를 위해 다면 척도를 개발한 Form Q도 있다.

MBTI를 만든 마이어스는 이렇게 말했다. "저는 제가 없어지고 나서도 계속 사람들을 돕기를 꿈꿉니다." 그는 MBTI를 통해서 사람들을 돕기 위한 도구를 만든 것이다. 선천적 선호 경향성을 통해 스스로를 이해하고 관계를 돕는 것이 MBTI의 목적이다. 성격 유형은 인간이 하는 모든 일과 인생의 모든 측면에 영향을 미친다. 성격 유형을 활용하여 기업 관리자들은 직원들에게 동기부여를 하거나 원활한 소통을 하는 데 도움을 받고 있다. 조직에서는 구성원들의 강점과 약점을 이해하고, 그것을 바탕으로 의사소통에 도움을 받아 생산성을 높여 갈 수 있다. 교사들은 각양각색의 학생들을 지도하는 데 활용하고 있고, 부모들은 자녀들을 이해하고 자녀와 더 원활하게 소통하기 위해서 활용하고 있다. 다양한 조직적 형태를 띤 학교, 마을, 기업 등에서도 MBTI를 사용한다. 자신의 성격 유형을 알기 위해서, 서로를 이해하기 위해서 MBTI는 여러 곳에서 다양하게 쓰이고 있다는 것을 확인할 수 있다. 목적에 맞게 잘 활용하면 서로 다르다는 것을 이해하고, 그 다름이 오해나 단절의 이유가 될 수 없다는 것을 알게 된다. 서로를 긍정적으로 받아들이게 되는 것이다. MBTI는 나와 타인의 서로 다름을 이해하고, 인정하고, 나아가 존중하는 인식의 전환을 돕는 유용한 도구이다. 마이어스의 이야기를 기억하자.

4가지 선호지표

사람들이 MBTI를 하는 이유는 성격이 궁금하기 때문이다. 자기 성격이 어떤지 궁금하고, 그다음 나와 관계된 사람들의 성격이 궁금한 것이다. 조금 더 이 궁금증에 살을 붙여 본다면 '나는 어떤 사람일까?', '우리가 어떻게 하면 더 잘 살거나 일할 수 있을까?' 일 것이다. 그만큼 나에 대해 더 잘 알고 싶은 마음이 누구에게나 있고, 사람들과 더불어 살아가며 종종 갈등이라는 것이 발생할 수 있는데 그 해결이 쉽지 않기 때문이다. 성격에 대한 이해를 위해서 MBTI에서 말하는 '8가지 선호지표'에 대해서 먼저 이해를 할 필요가 있다. 각각의 알파벳이 의미하는 바가 무엇인지 알고 나면 왜 ISFJ를 '평화주의자', ESTJ를 '성과주의자'라고 표현하는지 쉽게 이해할 수 있다. 아래의 분류 기준을 보자.

외향형(E) ←	에너지를 쓰는 방향	→ 내향형(I)
감각형(S) ←	정보를 인식하고 받아들이는 방법	→ 직관형(N)
사고형(T) ←	의사 결정을 하거나 결론에 이르는 방법	→ 감정형(F)
판단형(J) ←	살아가는 삶의 방식	→ 인식형(P)

선호는 2가지 대극 중 하나를 선택한다. 이 8가지 선호지표

중 선택된 4가지 코드를 조합하면 총 16가지의 성격 유형이 나오게 된다. 인간은 누구나 외향과 내향, 감각과 직관, 사고와 감정, 판단과 인식을 사용할 수 있지만 선천적으로 더 선호하는 경향에 따라 성격 유형이 결정된다고 볼 수 있다. 선호지표와 성격 유형에 대한 설명에 앞서 MBTI의 기본 가정은 절대적이 아닌 가능성임을 기억하자.

선호지표에 대한 설명들을 읽어 보고 나에게 더 가깝고 자연스러우며 편안함을 주는 선호지표를 선택해 보자.

외향형 (E, Extraversion) / 내향형 (I, Introversion)
· 당신은 에너지를 어디서 얻나요?
· 외부? 아니면 내부?

에너지의 방향은 가장 자연스러운 모습으로 어릴 적부터 형성되어 성인이 되어서도 잘 변하지 않는 개인의 의식화된 모습이다. 외향형과 내향형은 각각 에너지가 외부 세계와 내부 세계로 향해 있다. 외향형은 대화를 통한 의사소통을, 내향형은 대화보다는 글을 통한 의사소통을 좀 더 선호한다. 외향형이 행동을 먼저 하거나 생각과 행동을 동시에 할 수 있다면, 내향형은 행동하기 전에 생각을 하고 생각이 정리된 후에 말과 행동으로 옮길 가능성이 높다. 외향형이 여러 사람들과 다양한 관계를 맺는다면 내향형은 소수의 사람들과 깊은 관계를 맺는다. 외향형이

외부 세계와의 상호작용을 통해 에너지를 충전한다면, 내향형은 자기의 내면세계와의 상호작용을 통해 에너지를 충전한다. 외향형이 무언가를 이해하기 위해서 사람들과 대화를 한다면, 내향형은 이해하기 위해 심사숙고한다. 외향형이 대인관계에서 먼저 다가가는 편이라면, 내향형은 기다리는 편이다. 외향형이 생각을 자유롭게 표현하며 빠르게 행동하고 반응한다면, 내향형은 혼자 생각하고 생각을 정리할 시간이 필요하다. 외향형이 업무 중에도 아이디어를 떠올리기 위해 서성이거나 밖에서 일어나는 일들을 놓치고 싶지 않은 마음에 사무실 문을 열어둘 수 있다면, 내향형은 다른 일을 신경 쓰거나 방해받는 것을 원하지 않아 문을 닫아두는 경우가 많은 편이다. 외향형이 빠른 속도로 일하고 업무의 전환 속도도 신속한 편이라면, 내향형은 천천히 꾸준한 속도로 일하는 편이다. 외향형을 폭넓게 활동하는 사람들이라고 표현한다면, 내향형은 깊이가 있고 집중을 잘하는 사람들이라고 말할 수 있다.

외향형과 내향형의 대표적 표현들

외향형 (E)	외부에 주의 집중, 외부 활동에 적극성, 열정적, 활동적, 말로 표현, 경험 후 이해, 쉽게 알려짐, 자신감, 폭넓은 관심, 사교적, 사람들과 어울림, 즐거움, 활기찬, 도전적, 표현적, 직접적 경험
내향형 (I)	자기 내부에 집중, 내부 활동에 적극성, 집중력, 조용함, 신중함, 글로 표현, 이해한 후 경험, 서서히 알려짐, 차분함, 침착함, 받아들임, 조심스러움, 군중 속 개인, 개인적인 시간과 공간

나의 선호지표는? E or I

감각형 (S, Sensing) / 직관형 (N, iNtuition)

· 당신은 정보를 어떻게 인식하고 처리하나요?
· 세부사항이나 사실에 집중? 아니면 전체적인 상황이나 아이디어에 집중?

같은 장면을 보지만 사람들마다 머릿속에 들어온 정보는 각각 다르다. 눈앞에 놓인 사과를 보면서 누구는 빨갛다, 동그랗다, 꼭지가 있다, 옆으로 누워 있다 등의 정보를 말한다면 누군가는 '백설공주', '스티브 잡스', '사과 속 애벌레', '빨간 태양', '어떤 과수원에서 수확한 걸까?' 등의 다양한 생각을 떠올리기도 한다. 정보를 인식하고 처리하는 과정은 사람들마다 다른데, 감각형과 직관형은 어떻게 다르게 인식할까? 감각형은 실제적이고 실용적인 것을 중요시하지만 직관형은 영감을 주는 것을 선호하고 이론적인 것을 중요시한다. 감각형은 상황을 볼 때 현실적인 적용에 초점을 맞춘다면, 직관형은 미래의 가능성에 초점을 둔다. 감각형은 문제가 발생하면 과거의 경험에 기반한 구체적인 해결 방법이 떠오른다면, 직관형은 자신의 영감을 토대로 혁신할 수 있는 기회라고 생각한다. 세밀한 부분을 잘 보는 감각형은 나무를 보는 경향이 있다면, 전체적인 흐름을 잘 보는 직관형은 숲을 보려는 경향이 있다. 감각형이 순서에 맞게 차례대로 생각하려고 한다면, 직관형은 자신의 기준대로 생각하고자 한다. 감각형은 음식을 만들 때 조리법을 따르지만, 직관형은 자신만의 방법대로 만들 가능성이 높다. 감각형이 확실히 검증된 것이나 친숙한 것에 이끌리고 예측 가능한 것을 선호한다면, 직관형은 새롭고 아직 검증되지 않았거나 색다른 것에 이끌리며 변화와 다양성을 선호한다. 감각형이 구체적인 경험이나 사실을 듣고 싶어 한다면, 직관형은 전반적이고 포괄적인 개념부터 듣고 싶어 한다. 감각형의 창의성은 이미 알려진 것이나 구체화된 것을 새롭게 응용하는 방법으로 드러난다면, 직관형은 전과 다른 새로운 방법으로 창의성을 드러낸다. 감각형은 실현을 하는 사람, 직관형은 아이디어를 제공하는 사람일 가능성이 높다. 감각형이 실용성을 중시하고 현실감각이 있다면, 직관형은 비전과 통찰력이 있는 사람들이다.

감각형과 직관형의 대표적 표현들

감각형 (S)	현재에 초점, 실제의 경험, 정확함, 철저한 일처리, 사실적, 현실적, 구체적, 실용적, 효율적, 일관성, 심리적, 오감에 의한 정보 수집, 세부 사항 중심, 유용성, 노력, 합리적, 순서를 따름, 틀 안에서 생각하기
직관형 (N)	미래의 가능성에 초점, 아이디어, 비약적인 일처리, 비유적, 암시적 묘사, 통찰, 상상, 새로움, 독창적, 변화, 예감, 창안, 공상, 융합적, 전체적 상황 중심, 의미, 비전, 틀에서 벗어나기, 패턴 파악

나의 선호지표는?   S   or   N

사고형 (T, Thinking) / 감정형 (F, Feeling)

· 당신은 결정을 어떻게 내리나요?
· 객관적 근거를 기준으로 결정하나요? 아니면 감정과 느낌을 비롯한 관계를 중심으로 결정하나요?

오늘 무엇을 먹을까 하는 소소한 결정부터 어떤 전공이나 직업을 선택할까, 누구와 결혼할까 등의 인생에서 중요한 결정에 이르기까지 우리는 판단하고 선택하고 결정해야 하는 순간들이 늘 존재한다. 사고형이 의사결정 시 장단점을 고려하며 정의와 공평을 기준으로 결정한다면, 감정형은 사적으로 관여해 관계와 조화를 중심으로 결정한다. 사고형이 결정을 객관화한다면 감정형은 상황을 개인화한다. 사고형이 논리적이고 분석적이라면 감정형은 조화와 연결을 중요시한다. 사고형은 논리가 필요한 때를 알며 논리적으로 명료한 것을 추구한다면, 감정형은 격려와 지지가 필요한 때를 알고 감정적으로 명료한 것을 추구한다. 사고형이 비평하고 해결책을 제시하는 것을 선호한다면, 감정형은 자연스러운 칭찬과 공감을 선호한다. 사고형이 생각을 말한다면, 감정형은 느낌을 표현한다. 사고형이 객관적인 것을 선호하고 논리적인 과정을 중요시한다면, 감정형은 인간적인 것을 선호하고 주관적인 가치를 중요시한다. 사고형은 자료에 관심이 있지만, 감정형은 사람에 더 관심이 있다. 사고형이 이성적으로 결정하고 공정성을 갖추려 노력한다면, 감정형은 가슴으로 결정하고 배려와 조화를 우선시한다. 사고형이 관찰자 입장에서 상황을 분석한다면 감정형은 참여자가 되어 이해하고 공감한다. 사고형은 친구와 다퉜을 때 보통 "왜 다퉜어?"라고 묻는다. 사고형이 왜 다퉜는지 먼저 물어보는 이유는 그 이유에 따라 해줄 수 있는 말이 다르기 때문이다. 반면에 감정형은 "괜찮아? 많이 힘들지?"라고 묻는다. 그 이유는 타인에 대한 공감과 이해를 우선시하기 때문이다. 사고형은 논리적으로 분석을 잘 하기 때문에 무엇이 문제인지 파악을 빨리하는 편이다. 감정형은 화합을 우선시하기 때문에 뛰어난 인화력을 가지고 관계적으로 풀어나

가는 것을 먼저 시작한다.

사고형과 감정형의 대표적 표현들

사고형 (T)	진실에 관심, 논리적, 원리와 원칙, 분석적, 맞다 혹은 틀리다, 규범, 기준, 지적인 논평, 객관적, 공정함, 분명함, 유익함, 이성적, 직설적, 증명, 의문을 품는, 전략적, 비판적 사고, 연구
감정형 (F)	사람과 관계에 관심, 상황적, 포괄적, 의미와 영향, 가치, 좋다 혹은 나쁘다, 나에게 주는 의미, 우호적 협조, 친밀함, 다정함, 배려, 공감적, 칭찬, 조화로움 추구, 정서적, 관대함, 지지

나의 선호지표는?   T   or   F

판단형 (J, Judging) / 인식형 (P, Perceiving)

· 당신의 삶에 대한 태도는 어떠한가요?
· 분명한 목적의식과 방향성을 가지고 있나요? 아니면 목적과 방향은 변화가능한 융통성을 선호하나요?

　외부 세계에 대처하는 생활양식은 마이어스-브릭스 모녀가 개발한 선호지표로 개인의 라이프 스타일을 드러낸다. 판단형은 계획에 맞춰 자신의 생활을 통제할 때 편안함을 느낀다면, 인식형은 상황에 따라 융통성이 있고 자유분방할 때 편안함을 느낀다. 판단형이 목표대로 이루어지는 결과를 선호한다면, 인식형은 일과 삶에서 무슨 일이 갑자기 생길지 기대를 한다. 판단형이 조직화된 생활양식과 안정되고 정돈된 상태를 선호한다면, 인식

형은 유연성이 있는 생활양식과 개방적인 상태를 선호한다. 판단형이 명확한 순서와 구조를 선호한다면, 인식형은 자연스러운 흐름을 선호한다. 판단형이 반복되는 일상 업무를 효율적으로 여기고 예상치 못한 상황을 선호하지 않는다면, 인식형은 반복되는 일상 업무가 제한적이라 생각하고 예상치 못한 상황을 즐기는 편이다. 판단형이 정리 정돈을 하고 삶을 통제 아래에 두고 싶어 한다면, 인식형은 상황에 따른 융통성을 발휘하기 원하며 삶 속에서 발생하는 대로 적응을 하는 편이다. 판단형이 계획적인 것을 신뢰하고 마감일 전에 과업을 완료하려 한다면, 인식형은 마감의 순간에 과업을 끝내려 해서 임박한 시점에 놀라운 힘을 보여주기도 한다. 판단형이 규칙적인 것을 선호하며 시간에 대한 정확성을 중요시한다면, 인식형은 탄력적인 것을 선호하며 시간에 대한 융통성을 발휘한다. 판단형이 결론을 도출하려 한다면 인식형은 임시 결정 상태를 유지하고 싶어 한다. 판단형이 문제가 결정되기 전까지 긴장감을 느낄 수 있어 가능한 한 빨리 마무리하려는 욕구가 강하지만, 인식형은 결정 자체에 대한 압박과 불안 때문에 되도록 결정을 미룸으로써 긴장감을 해소한다. 판단형이 일을 마무리하는 것에서 만족감을 얻는다면, 인식형은 즐거운 마음으로 일하는 것을 중요하게 생각한다. 판단형이 일을 우선으로 할 수 있다면, 인식형은 휴식이나 흥미로운 일을 더 우선시할 수 있다. 판단형은 책임감과 추진력이 강점일 수 있다면, 인식형은 수용과 적응력이 강점일 가능성이 높다.

판단형과 인식형의 대표적 표현들

판단형 (J)	분명한 목적과 방향성, 마감 기한, 철저한 사전계획, 체계적, 정리 정돈, 신속한 결론, 통제와 조정, 뚜렷한 기준, 목표와 결과, 책임감, 성실성, 절차, 규율 준수, 역할 지향적인, 순서에 의한, 예측이 가능한, 일 마무리하기, 계획하고 조직하기
인식형 (P)	변화 가능한 계획, 상황에 따른, 자율성, 융통성, 개방성, 유연성, 이해로 수용, 유유자적한 과정, 적응하기, 포용성, 즉흥적, 변화 수용하기, 느긋한, 임기응변이 가능한, 과정 지향적인, 결론을 보류하는, 편견이 없는, 일 시작하기

나의 선호지표는?   J   or   P

지금까지 추측해 본 자신의 4가지 선호지표를 합치면 자신의 추측 성격 유형이 된다.

나의 MBTI 추측 유형은?

E or I	S or N	T or F	J or P

선호 분명도

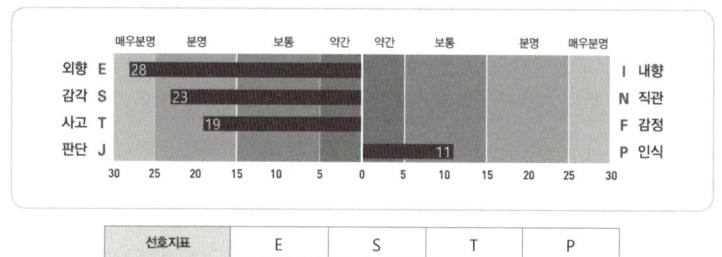

선호지표	E	S	T	P
선호 분명도 지수	28	23	19	11

※ 선호 분명도 지수는 양극의 선호경향성 중 어느 쪽에 대한 선호가 분명한지를 알려주는 지수입니다.
이것은 선호의 유능, 성숙 또는 발달을 의미하는 것은 아닙니다.

　MBTI 정식 검사를 하고 나면 개인의 성격 유형 결과에 대한 정보를 제공하는데 정식 검사에서만 확인할 수 있는 것이 '선호 분명도(Clarity of Preferences)' 이다. 막대그래프의 방향과 길이로 표현하는데, 그중 방향은 선호지표이며 길이는 선호 방향의 일관된 정도를 나타낸다. 막대그래프의 길이가 길수록 개인의 응답이 특정 선호 방향으로 더욱 일관되고 있다는 것을 나타낸다.
　선호 분명도는 개인의 성숙함의 정도나 탁월성의 정도, 균형적 발달의 정도를 의미하는 것이 아니다. 또한 능력의 유무나 많고 적음을 나타내는 것도 아니다. 특정 선호성의 방향을 보여주는 것으로 자신이 무엇을 선호하는지를 보여준다. 검사 결과가 같

---

2 MBTI FormM 검사결과 프로파일

은 성격 유형으로 나올지라도 4가지 선호지표의 선호 분명도까지 똑같기는 어렵기 때문에 경향성 안에 있을 뿐 성격이 완전히 같은 사람은 아니라는 것을 알아야 한다.

4가지 선호지표의 선호 분명도는 다음과 같은 범주로 구분된다.

매우 분명	26~30점
분명	16~25점
보통	6~15점
약간	1~5점

선호 분명도 범주는 자신이 선택한 선호지표에 대해 반대지표보다 얼마나 일관성 있게 선호하는지에 대한 정보를 제공한다. 선호 분명도가 '매우 분명'일 경우 자신의 성격 특징과 검사 결과가 매우 유사하다고 생각할 수 있고, '분명'일 경우에는 대체적으로 성격 특징에 대해 공감하는 편이라 할 수 있다. '보통'일 경우에는 성격 특징에 동의는 하지만 검사 결과에 대한 해석이 적절한지 확인이 필요하며 어떤 상황에서는 반대 선호를 사용할 수도 있다. '약간'의 경우에는 유형이 변화할 가능성을 내재하고 있으며 반대 선호에 대한 설명도 확인을 해 본 후 자신에게 적합한 선호를 파악하는 것이 필요하다. MBTI는 이러한 탐색의 과정을 통해 최적유형(Best-fit type)을 스스로 결정하도록 한다.

16가지 성격 유형

MBTI는 16가지 성격 유형이 있다. 융은 "인간이란 성격 유형에 따른 공통점을 가지고 있지만 또한 각각은 매우 독특하고 개별적인 존재다."라고 했다. 같은 성격 유형이라면 공통된 특징이 있지만 완전히 똑같은 사람이 아닌 각자는 모두 개별적 존재인 것이다. 성격 유형의 특징을 아는 것은 분명 도움이 되지만 그 성격의 유형이라는 틀에 자신을 가두면 안 된다. 자신에 대해 깊이 있게 알아가고 다양성을 이해할 목적으로 활용해야 한다. 성격 유형은 심리적 선호 차이를 이해할 수 있는 틀을 제공하는 것이지 그 틀에 갇히면 안 된다는 것을 기억하자.

각 성격은 그에 해당하는 패턴이 있는데, 자연스럽게 이끌리는 본능적인 기질이 있다는 것이다. 모든 사람은 단 하나의 성격 유형을 갖게 되는데, 그것은 원하고 바라는 성격이 아니라 선천적으로 편안함을 갖는 선호 경향성의 성격인 것이다. 그 성격 유형은 다음의 16가지로 볼 수 있다.

자신의 성격 유형을 알아본 후 나를 기준으로 유형표 상의 위, 아래, 왼쪽, 오른쪽에 있는 유형의 특징에서도 나를 발견할 수 있다. 이는 최적유형을 찾기 위한 과정 중 하나의 방법이 된다.

ISTJ	ISFJ	INFJ	INTJ
세상의 소금형	임금 뒤편의 권력형	예언자형	과학자형
한번 시작한 일은 끝까지 해낸다	성실하고 온화하며 협조적이다	사람과 관련된 것에 통찰력이 뛰어나다	전체적으로 조합해 비전을 제시한다

ISTP	ISFP	INFP	INTP
백과사전형	성인군자형	잔다르크형	아이디어 뱅크형
뛰어난 상황적응력을 갖고 있다	따뜻한 감성의 소유자로 부드럽고 겸손하다	이상적인 세상을 만들어 간다	비평적인 관점이 뛰어난 전략가다

ESTP	ESFP	ENFP	ENTP
수완좋은 활동가형	사교적인 유형	스파크형	발명가형
다양한 활동을 선호하며 행동지향적이다	분위기를 고조시키며 우호적이다	열정적으로 새로운 관계를 만든다	풍부한 상상력으로 새로운 것에 도전한다

ESTJ	ESFJ	ENFJ	ENTJ
사업가형	친선도모형	언변능숙형	지도자형
사무적이고 실용적이며 과업지향적이다	친절함과 현실감을 가지고 봉사하고 협력한다	타인의 성장을 도모하고 협력한다	비전을 갖고 사람들을 활력적으로 이끌어간다

아래에서 설명하는 내용인 ISTJ부터 시작해 ENFJ로 끝나는 순서는 주기능[1]이 같은 것을 기준으로 해서 정한 것이다. 아래 도형에 표시된 순서대로 각 유형을 설명했으며, 이 책에서 각 유형을 설명할 때는 모두 이 순서를 따랐다.

앞서 자신이 추측한 유형이나 검사를 통해 알고 있는 성격 유형의 번호를 기억하면 본서의 내용 중 자신에 대해 설명하는 부

1	2	5	6
9	13	14	10
3	4	7	8
11	15	16	12

[1] 성격 유형에서 가장 신뢰할 만한 기능

분을 좀 더 빨리 찾을 수 있다.

01 - ISTJ 내향, 감각, 사고, 판단

냉철한 의사결정가

ISTJ 유형은 뛰어난 집중력을 발휘한다. 합리적이고 성실하며 조용하고 진지하다. 친숙한 환경에서 익숙한 방법으로 일할 때 능력을 더 잘 드러낼 수 있다. 체계적이고 근면하며, 충성스럽고 믿음직스럽다. 해야 할 일에 대해 논리적으로 결정하고 그 일을 흐트러짐 없이 꾸준히 해 나간다. 또한 주어진 일을 완수하려 하며 정해진 일정에 맞춰 일을 마무리 짓는다. 이들은 구체적인 사실과 세세한 일을 기억하고 다른 사람이 놓치고 지나칠 수 있는 세부 정보를 쉽게 놓치지 않는다. 질서나 구조와 같은 체계를 좋아하고, 문제를 해결할 때 과거 경험을 잘 적용하며 일상적으로 반복되는 일에도 인내심이 강한 편이다. ISTJ는 한 번 시작한 일은 끝까지 해내는 사람이라고 할 수 있다.

02 - ISFJ 내향, 감각, 감정, 판단

신중한 현실가

ISFJ 유형은 헌신적이며 친절하다. 신중하고 현실적이며 소속감을 중요시한다. 동정심이 많고 성실하며 사려 깊고 양심적이다. 자신이 옳다고 생각하는 일에는 어려움도 참고 견딘다. 세부적이고 치밀하게 반복해야 하는 일을 끝까지 수행할 수 있기 때문에 인내심이 강한 사람들이라고 말한다. 또한 올바른 규칙과 전례가 있는 상황에서 가장 안정적으로 일을 처리한다. 일을 진행할 때에도 현실 감각을 발휘하여 실제적이고 조직적으로 수행한다. 이들은 절차에 따라 일을 진행하는 능력이 있다. 다른 사람이 도움을 요청할 때 친절하게 돕는다. 이들은 자신처럼 성실하고 친절한 동료와 함께 일하는 것을 선호한다. ISFJ는 성실하고 온화하며 협조적인 사람이라고 할 수 있다.

03 - ESTP 외향, 감각, 사고, 인식

즉각적인 문제해결자

ESTP 유형은 호기심이 많고 능동적인 사람이다. 뛰어난 관찰력을 가진 현실주의자다. 사교적이고 넘치는 에너지를 갖고 있으며, 충동적이기도 하다. 다른 사람들에게 관대하며 느긋하다. 주변의 사람과 사건에 대해 선입견이 없는 개방적인 사람들이다. 갈등이나 긴장 상황을 잘 조절하고, 현실적으로 발생하는 문제를 해결하는 데 뛰어난 능력을 발휘하기도 한다. 일을 진행할 때 기존의 방식에 따라 일을 진행하기보다는 실용적인 새로운 시스템을 만들어 내고자 한다. 이들은 행동파이기 때문에 눈앞에 벌어지는 상황에 즉각적으로 참여한다. 또한 외부로 에너지를 발산하는 것을 좋아한다. 평소에 생동감이 넘치고 주변 사람들을 즐겁게 하는 재미있는 사람이다. ESTP는 삶의 즐거움을 찾으며 다양한 활동을 선호하는 행동지향적인 사람이라고 할 수 있다.

04 - ESFP 외향, 감각, 감정, 인식

친밀한 엔터테이너

 ESFP 유형은 동정심이 있는 온정적인 사람이다. 사람을 좋아하고 다른 사람과 친밀한 관계를 형성한다. 또한 낙천적이며 개방적이고 관용적이다. 그래서 느긋함 속에서도 삶의 즐거움을 찾는다. 외부 활동을 좋아하고 즐거운 일을 찾아다니며 열정적이다. 이들은 뛰어난 화술가이며 넘치는 재담에 기지가 있어 주변 사람을 즐겁게 한다. 특히 사교 모임처럼 인간적으로 교류하는 곳에서 능력을 발휘하며, 사람들이 스스로 즐거움을 느낄 수 있도록 돕는 것에 자부심을 느낀다. 다른 사람의 감정에 공감을 잘하고 자신이 지닌 돈이나 시간 등을 베풀 줄 안다. 또한 다른 사람의 일이나 행동에 관심을 보이고 더 많이 알고 싶어 하며 기꺼이 함께 참여한다. ESFP는 분위기를 고조시키는 우호적인 사람이라고 할 수 있다.

05 - INFJ 내향, 직관, 감정, 판단

통찰적 계획가

　INFJ 유형은 예견력과 창의력이 뛰어나고 조화로운 인간관계를 중요시 여긴다. 뚜렷한 가치관이 있으며 용기를 주는 지도자의 역할을 잘 수행한다. 강한 직관력의 소유자로 미래지향적이고 뛰어난 통찰력과 영감을 자신과 인간의 본질을 이해하는데 주로 사용한다. 이들이 혼자 조용히 생각하며 집중할 수 있는 시간을 갖는 것은 중요하다. 자신의 영향력을 조용히 발휘하는 것을 좋아하며, 온정적이고 조화로운 관계를 추구한다. 공동의 이익을 가져오는 일에 정성을 기울이고 서로 협력하는 동료 관계를 중요하게 여기기 때문에 주변 사람에게 존경을 받을 가능성이 높다. 확고한 신념을 가지고 자신이 믿는 영감을 열정적으로 구현시켜 나가는 정신적 지도자들이 많다. INFJ는 사람과 관련된 것에 통찰력이 뛰어난 사람이라고 할 수 있다.

06 - INTJ 내향, 직관, 사고, 판단

논리적 혁신가

　INTJ 유형은 호기심이 많고 통찰력이 있으며 독립적이고 독창적이다. 강한 신념이 있으며 사람들을 이끌어 갈 수 있을 만한 명확한 비전을 갖고 있다. 이들은 자신의 비전을 달성하기 위해 시간과 노력을 아끼지 않는다. 또한 목적 달성을 위해 의지를 발휘하며 결단력과 인내심이 있다. 이들은 지식에 가치를 부여하며, 새로운 내용을 배우고 깨닫는 것을 즐긴다. 어떤 현상을 새로운 관점에서 바라볼 수 있는 통찰력이 있고, 사고하는 능력이 빠르며 정확한 편이다. 복잡한 문제를 해결해야 할 때 오히려 자극을 받으며, 까다로운 이론이나 추상적인 문제를 빠르게 정리한다. 이들은 기존의 권위나 사회적인 통념에 구애받지 않고 자신의 직관력과 통찰력을 발휘하고자 한다. INTJ는 전체적으로 조합해 비전을 제시하는 사람이라고 할 수 있다.

07 - ENFP 외향, 직관, 감정, 인식

열정적인 촉매자

ENFP 유형은 호기심이 많고 열정적이며 관계에 있어 우호적이다. 흥미진진한 일들을 좋아하며 일의 의미를 중요하게 생각한다. 뛰어난 언변과 설득력으로 사람들과 함께 잘 지낸다. 이들은 인생을 흥미로운 가능성으로 가득 찬 창의적인 모험의 세계로 바라본다. 삶의 모든 영역에서 풍요로움을 더해가며, 즐거움을 찾아내고 생기를 불어넣고자 한다. 또한 자신의 열정을 다른 사람들에게 전파하면서 활력을 불어넣고 새로운 자극을 제공하는 사람이다. 이들은 새로운 것을 찾아내는 호기심이 있으며 잘 지치지 않는다. 다른 사람들의 욕구를 민감하게 파악하여 적절한 도움을 주려고 하며, 칭찬·찬사 등을 적극적으로 표현한다. 유동적이고 변화가 많은 환경에서 최대의 능력을 발휘하며, 자신의 창의력과 카리스마를 발휘할 수 있는 상황에서 뛰어난 능력을 보인다. ENFP는 열정적으로 새로운 관계를 만드는 사람이라고 할 수 있다.

08 - ENTP 외향, 직관, 사고, 인식

뛰어난 협상가

　ENTP 유형은 적응성이 뛰어나고 융통성이 있으며 개방적이다. 독창적인 혁신가이며 창의력이 풍부하다. 이들이 바라보는 세상은 가능성, 흥미로운 개념, 자극적인 도전들로 가득 채워져 있어 호기심이 많다고 할 수 있다. 새로운 것, 혁신적인 변화, 복잡한 것을 추구하는 경향이 있다. 어려운 문제를 접할 때 자극을 받으며, 문제를 해결하기 위한 창의적인 방법을 빠르게 고안해 낸다. 그래서 자신의 즉흥적인 처리 능력을 신뢰한다. 이들은 풍부한 상상력을 발휘하여 새로운 프로젝트를 남보다 먼저 시도하는 경향이 있다. 그래서 열정적인 사람으로 보인다. 시스템이 어떻게 운영되고 있는지 이해하는데 능숙하며, 자신의 목적을 성취하기 위해 전략적인 모습을 보인다. 일을 처리해 나갈 때 민첩하고 여러 가지 일에 재능을 발휘하며 자신감이 있고 설득을 잘 한다. ENTP는 풍부한 상상력으로 새로운 것에 도전하는 사람이라고 할 수 있다.

09 - ISTP 내향, 감각, 사고, 인식

유연한 실용주의자

ISTP 유형은 솔직하고 정직하며 현실적이다. 개인주의 성향이 있으며 냉정하고 침착하다. 느긋한 면도 가지고 있다. 유연하고 관대하며 문제가 나타날 때까지는 조용히 관찰하지만 필요하다고 판단될 때는 실행 가능한 해결책을 찾기 위해 빠르게 움직인다. 최소한의 노력으로 문제를 해결하기 때문에 효율적이다. 일상생활에서 구속받는 것을 싫어한다. 조용하지만 열정적이고 호기심이 많다. 상황이 요구하는 즉각적이고 실제적인 필요성을 쉽게 예측할 수 있으며, 이러한 필요성을 충족시킬 만한 논리적이고 직접적인 계획을 고안해 낼 수 있다. 또한 이들은 순간적인 집중을 요구하는 상황에서 최대의 능력을 발휘한다. ISTP는 뛰어난 상황 적응력을 갖고 있는 사람이라고 할 수 있다.

10 - INTP 내향, 직관, 사고, 인식

지적인 모험가

INTP 유형은 논리적이고 분석적이며 어떤 문제든 해결책을 찾는 것을 좋아한다. 또한 창의적이고 도전적이며 자신감이 있다. 평소에는 조용하고 과묵하지만 자신이 관심 있는 분야에 대해서는 말을 잘한다. 이들은 논리적인 순수성을 추구하며 보편적인 진리와 원리를 찾으려고 한다. 또한 끊임없이 자신과 타인에게 "왜 그래?", "왜 아니야?"를 묻는다. 분명하고 이해가 빠르며 자신이 흥미를 갖는 일에 매우 깊게 몰입할 수 있다. 이들은 개념적인 모형을 세우고 독특하고 복잡한 아이디어를 개발하는 데 최선을 다한다. INTP는 비평적 관점의 뛰어난 전략가라고 할 수 있다.

11 - ESTJ 외향, 감각, 사고, 판단

현실적인 기획자

ESTJ 유형을 대표하는 단어는 '책임감'이다. 규정에 따라 조직하고 그 규정과 법규를 다루는데 탁월하다. 일을 조직하여 프로젝트를 계획하고 추진하는 능력이 있다. 일을 진행할 때 논리적으로 분석하여 빠르게 결정을 내린 후 행동 계획을 세운다. 합리적이고 현실적인 사람이며, 추진력과 목표 지향성이 뛰어나다. 근면 성실하고 객관성과 공정성을 갖춘 실리적인 사람이다. 이들은 다른 사람과 상호 작용을 하면서 일하는 것을 즐긴다. 조직적인 방식으로 자원을 배분하고 계획에 맞춰 일을 진행시켜 나간다. 주어진 일을 책임감 있게 완수하며 일을 마무리 짓는 것을 좋아한다. 또한 현실적으로 완성할 수 있는 일에 초점을 맞추고 과제를 완수하기 위해 필요한 단계를 예상한다. ESTJ는 사무적이고 실용적이며 과업 지향적인 사람이라고 할 수 있다.

12 - ENTJ 외향, 직관, 사고, 판단

전략적 기획가

　ENTJ 유형은 타고난 지도자 유형이다. 조직에서 결정력과 통솔력을 발휘하며 책임자의 역할을 하고 있을 가능성이 크다. 문제를 직접적으로 다루고 해결하는 것을 좋아한다. 문제 상황에 부딪히면 자신이 가지고 있는 모든 정보와 자원을 활용하여 그 문제를 해결할 수 있는 방법을 찾으려고 노력한다. 이들은 문제 해결 과정에서 창의적인 면도 보여준다. 이러한 과정에서 자신의 분석력과 전략적인 사고를 활용할 수 있는 상황이 주어지면 실제로 최상의 능력을 발휘한다. 그래서 복잡한 과제를 선호하기도 한다. 문제 해결을 잘 하기 때문에 조직적, 혁신적, 생산적인 면이 강하다. 이들은 개인적인 목표와 자신이 속한 조직의 목표를 달성하기 위해 전략을 고안해낸다. 또한 행동 지향적으로 계획을 전개하고 그 계획이 완성될 때까지 필요한 에너지를 쏟는다. 이들의 활동적인 모습은 솔직하고 사교적인 것처럼 보이기도 한다. ENTJ는 비전을 갖고 사람들을 활력 있게 이끌어 가는 사람이라고 할 수 있다.

13 - ISFP 내향, 감각, 감정, 인식

겸손한 헌신가

ISFP 유형은 관찰력이 뛰어나며 호기심이 많다. 끈기와 융통성이 있고 변화에 대한 수용력과 적응력이 뛰어나다. 부드럽고 온정적이며 말보다는 행동으로 따뜻함을 표현한다. 개방적이고 관용적이며 현재의 삶을 즐긴다. 또한 다른 사람을 배려하며 자신의 생각·관점·의견을 다른 사람에게 강요하지 않는다. 조용하고 겸손해 자기를 내세우지 않는 태도를 지닌다. 다른 사람에게 친밀한 마음을 가지고 있으며 자신이 가치 있다고 여기는 사람에게 충실하고 헌신적이다. 이들은 예술을 매개로 자신을 표현하고자 하는 경향이 있고 감각이 예민하여 색·선·구조·명암·접촉·동작·보는 것·듣는 것 등이 뛰어나다. ISFP는 따뜻한 감성을 지닌 겸손한 사람이라고 할 수 있다.

14 - INFP 내향, 직관, 감정, 인식

가치로운 예술가

INFP 유형은 진실되고 성실하며 가치와 내적 조화를 중요시 여긴다. 또한 감수성이 풍부하고 창의적이며 상상력이 풍부하다. 겉으로 잘 드러나지 않지만 내면에 열정과 따뜻함을 지니고 있다. 하지만 다른 사람과 친해지기 전까지 자신의 따뜻함을 잘 표현하지 않으며 오히려 조용하고 과묵하다. 이들은 이상적인 것을 추구하는데 자신이 중요하다고 생각하는 문제(인간 이해, 행복, 건강 등)에 기여하기를 원하며, 확고한 신념을 갖고 자신의 가치를 고수해 나가는 경향이 있다. 이들은 새로운 아이디어와 가능성을 모색하고, 자신에게 중요한 것을 조용하게 추진해 나가며 웬만해서는 포기하지 않는다. 또한 자신이 지니고 있는 내면의 비전에 따라 자신의 세계를 만들어 갈 때 최대의 능력을 발휘한다. INFP는 이상적인 세상을 만들어 가는 사람이라고 할 수 있다.

15 - ESFJ 외향, 감각, 감정, 판단

다정한 사교가

　ESFJ 유형은 동정심이 많고 친절하며 재치가 있다. 다른 사람과 조화롭게 지내는 것에 높은 가치를 두기 때문에 타인에게 관심을 쏟고 적극적으로 돕는 희생적인 사람이다. 사람들과 상호작용을 하면서 에너지를 얻는 편이고 주변의 칭찬과 격려에 힘을 얻으며 무관심과 불친절에 상처를 받을 수 있는 감수성이 풍부한 사람이다. 이들은 결단력이 있고 실제적이며, 필요한 일이라면 반드시 그 일을 완수하려고 한다. 근면 성실하고 현실적이며 실리적이고 의무와 책임을 우선시한다. 일정에 맞춰 정확하고 완벽하게 일 처리하기를 원한다. 일을 진행할 때 과거 경험과 현실에 근거하여 효율적인 방법으로 일을 한다. 이들의 일 처리 방식은 조직적이고 생산적이다. 또한 다른 사람이 제안하는 의견의 가치를 발견하는데 재능이 있으며, 이해·공감·수용·화합·협동을 통해 다른 사람과 조화를 추구하며 일을 진행한다. ESFJ는 친절함과 현실감을 바탕으로 협력하는 사람이라고 할 수 있다.

16 - ENFJ 외향, 직관, 감정, 판단

뛰어난 언변가

    ENFJ 유형을 보면 생기가 넘치는 것을 확인할 수 있다. 새로운 아이디어도 많이 떠오르며 호기심이 많은 열정적인 사람이다. 동정심과 동료애가 많으며 다른 사람에게 온화한 태도를 보이는 협조적인 사람이다. 사람들이 원하는 것이 무엇인지를 잘 파악하고 그들의 욕구를 충족시키기 위해서 돕는 행동을 한다. 조화로운 인간관계를 추구하는 사람이라고 할 수 있다. 특히 사람들 간의 관계에서 민감하게 대처해야 하는 상황을 잘 다룬다. 대응을 잘하고 눈치가 빠른 사람이다. 이들은 다른 사람의 행동이나 성향을 수용하는 폭이 넓다. 다른 사람들의 진가를 발견하면 있는 그대로를 인정할 줄 아는 사람이다. 때로는 공동의 선을 위해 자신의 의견을 내려놓고 상대방의 의견에 동의를 한다. 자신이 생각한 계획을 편안하고 능숙하게 제시할 줄 알며, 그 모습으로 사람들을 잘 이끌어 나간다. ENFJ는 자신만이 아닌 타인의 성장을 도모하고 그들과 협력을 잘하는 사람이라고 할 수 있다.

지금까지 16가지 유형에 대해서 살펴보았다. 그중 자신의 성격 유형에 대해 확인을 해 보았을 것이다. 자신의 성격적 특징을 알아본 후 가족, 친구, 동료들의 성격 유형도 추측을 해 보면 나는 어떤 사람들과 주로 관계하고 일하고 있는지 알 수 있다. 그러한 과정은 나의 과거를 돌아 보고 현재를 더 잘 살아가게 하며 미래를 심리적으로 안정되고 건강하게 만들기 위한 중요한 자기 탐색의 시간이 될 것이다.

02_
MBTI 진로에 활용하기

자기다움으로 행복한 삶

전 생애를 한 직장에서 일하는 시대는 끝났다. 사람들은 2~3년에 한 번씩 직장을 바꾸고 있고, 직업 자체를 여러 번 바꾸기도 한다. 이러한 변화에 적응하려면 자신이 어떤 사람인지 이해하고 자신에게 맞는 직업을 찾는 것이 필요하다. 그렇게 해서 찾은 직업은 일을 하는 동안 개인적인 성취감을 확실히 느끼게 해 준다. 그로 인해 직업 만족뿐만 아니라 삶의 행복까지도 향상시키는 결과를 가져다준다. 그래서 성격 유형이 진로 직업과 어떤 관계가 있고 어떻게 활용할 수 있을지 알아보는 것은 큰 의미가 있다. 자기다움에서 찾는 진로는 삶을 행복하게 만든다는 것을 기억하자.

그림책 『빨강 크레용의 이야기』는 빨강 크레용이 빨간색을 잘 칠하지 못한다는 이야기를 담고 있다. 그런 빨강 크레용을 보며 선생님은 연습이 더 필요하다고 말하고, 엄마는 다른 색깔들과 함께 해 보라고 말한다. 그러자 사람들이 말한다. "쟤가 왜 빨간색인지 모르겠어", "무슨 소리야 이름이 빨강인데", "공장에서부터 빨강이었잖아", "게으른 거야", "더 노력해야 해", "나아지겠지" 이렇게 말하며 빨강이를 바꿔보려고 한다. 모두 함께 노력은 했지만 달라지지 않았다. 어느 날 새 친구는 빨강이에게 파란 바다를 그려달라고 했다. 처음엔 못하겠다고 하더니 어느새 빨강이는 파란 바다, 파란 고래, 파란 청바지와 파란 블루베

리를 그리며 스스로 "난 파랑이야!"라고 외친다. 사실 빨강이는 아주 예쁜 파랑이었던 것이다.

이 그림책을 읽으면 기업에서, 학교에서, 다양한 기관에서 만난 주변의 많은 사람들이 떠오를 것이다. 다음과 같은 생각을 해 본 적이 있거나 이렇게 말하는 사람을 본 적 있는가?

> "전 제가 무엇을 좋아하는지 잘 모르겠고,
> 이 직업을 언제까지 해야 할지 잘 모르겠어요.
> 저는 왜 이렇죠?"

이때 MBTI의 성격적 정보를 알고 있다면 도움이 될 것이다. 그중에서도 성격 유형의 강점과도 같은 MBTI의 주기능과 부기능에 대한 정보를 알게 된다면 이전에 알던 MBTI와는 다른 좀 더 깊이 있는 자기분석과 자기이해가 가능하다.

융은 인간이란 성격 유형에 따른 공통점을 가지고 있지만 또한 각각은 매우 독특하고 개별적인 존재라 했다. 각 유형은 본연의 강점과 약점을 가지고 있으며, 어떤 유형은 다른 유형보다 특정 상황에서 뛰어날 수 있다고 말한다. 이렇게 사람은 누구나 독특하고 개별적인 존재이며 특정 성격의 뛰어남을 갖고 있다는 것을 기본으로 두어야 한다. 그리고 그것이 무엇인지를 잘 찾아가는 과정이 반드시 필요하다. 특히 주기능과 부기능이 발달하는 어린이 및 청소년기 때 잘 탐색하는 것이 중요하지만 그때를 이미 지나쳤더라도 늦지 않았다. 지금이라도 자신에 대한 깊은 탐색을 통해 앞으로 10년 후, 20년 후, 그리고 그 이후의 삶을 바꿔 놓을 수 있다. 빠르게 변화하는 시대에서 우리가 선택해야 하는 것은 '나를 아는 것'이다.

한 사람의 사례를 소개하고자 한다.

나의 첫 직업은 디자이너였다. 3년 정도 일을 하고 난 후 다른 직업으로 변경을 하고 다시 또 변경을 했다. 디자이너를 그만둔 가장 큰 이유는 늘 사무실에서 디자인만 해야 했던 상황에 대한 불만족 때문이었다. 두 번째 직업은 좀 더 안정적이라고 생각한 사무직이었다. 석사 공부를 위해 월급을 받으며 공부를 병행할 수 있는 곳이 필요했었다. 석사를 마칠 때쯤 난 그 직장에서는 성장하는 나를 발견할 수 없다는 결론을 내렸다. 그래서 현재의 세 번째 직업의 길로 들어서게 되었다.
다양한 활동을 선호하고 행동지향적 성격 유형인 나에게 두 번의 직장 생활은 더 나은 미래를 위해 잠시 머무르며 성장하기 위한 곳이었다고 생각한다. 나는 현재 내 일에 대한 만족도가 높다. 늘 새로운 사람을 만날 수 있고, 사무실이 아닌 전국을 다니며 일을 하고, 내가 있는 바로 그곳이 사무실이 된다. 일하고 싶을 때와 하고 싶지 않을 때도 스스로 결정할 수 있다. 디자이너보다, 사무직보다, 현재가 더 행복하다.

이처럼 자신의 성격에 적합한 직업을 선택하는 것은 삶의 행복과 매우 연결되어 있다. 타고난 성격 유형과 잘 맞는 직업을 선택한다면 직업적인 성장뿐만 아니라 삶의 즐거움까지도 동시에 얻을 수 있다. 자신에게 맞는 일을 하고 있다면 일하는 것 자체에서도 즐거움을 느끼고 일터로 가는 것을 매일 기대하게 된다.

일하는 동안에도 활력을 느끼며 자신이 직장에 혹은 세상에 기여하고 있음을 느끼게 된다. 미래에 대해서 낙관적이며 타인에게 자신이 하는 일을 소개할 때도 자랑스럽다. 결국 자존감도 높아지고 개인이 기대하는 성공으로도 이어질 가능성이 높다.

실패 확률 줄이기

자신의 진로를 위해서 MBTI를 활용하는 것이 왜 필요하고 중요한지는 이제 알 것이다. 그동안 MBTI를 겉핥기 수준으로 공부했다면 이제는 좀 더 깊이 있게 이해할 필요가 있다. 그러면 다음과 같은 조언은 하지 않게 된다.

> "당신은 안정적인 것을 추구하는 ISTJ 유형이니
> 공무원을 해 보는 것이 어떨까요?"

이렇게 편협하게 생각하지 않으려면 성격 유형에 존재하는 의미 있는 정보를 탐색해야 할 필요가 있다. 적당히 한두 개의 직업만을 추천하는 것이 아닌, 성격 유형의 특징과 직무의 특성을 연결해 자신에게 잘 맞고 의미를 찾을 수 있는 일인지 탐색해 보는 시간이 필요하다. 무엇보다 자신의 성격에서 가장 강하게 드러나는 면과 반대로 가장 드러나지 않는 면을 이해하는 것이 중요하다.

사람들은 감각-직관, 사고-감정이라는 둘씩 짝지이진 4가지 심리기능을 사용한다. 둘 중에 한 가지 방향을 다른 방향보다 더 선호하며, 그 선호하는 패턴에는 특정한 질서가 있다. 이것을 '유형역동'이라 부른다.

감각형은 현실적이고 실리적이며 구체적이고 세세한 정보에 집중하다 보니 전체적인 패턴과 큰 그림을 잘 보지 못할 수 있고 직접 보지 못한 것은 잘 믿으려 하지 않을 수 있다. 직관형은 전체적인 패턴을 파악하고 가능성과 의미를 추구하다 보니 감각형에 비해 비현실적일 수 있고 덜 실리적일 수 있다. 사고형은 논리적이고 분석적이며 객관적이지만 상대적으로 사람에 대한 공감에 어려움을 겪을 수 있다. 감정형은 타인의 감정을 이해하는 능력이 탁월하지만 다소 객관성이 부족할 수 있고 개인적 관점에서 파악하려는 경향이 있어 올바른 결정을 내리지 못하는 경우가 있다.

이러한 감각(S)·직관(N)·사고(T)·감정(F)을 MBTI의 '심리적 기능'이라 한다. 이는 마음속 나침반과 같은 역할을 함과 동시에 진로를 선택하는 데 있어 매우 중요한 탐색과 선택의 역할을 한다. 이 4가지 기능은 성격 유형에 따라 각각 다른 중요성을 가진다. 어떤 성격 유형인지에 따라 감각, 직관, 사고, 감정 중 어느 하나가 더 중요할 수 있다. 가장 중요하다고 여기는 것을 '주기능'이라 하는데, 아래의 유형별 컬러를 자세히 보면 같은 컬러를 가진 성격 유형들이 있다. 그것은 주기능이 같다는 것을 표시한 것이다. 성격 유형에서 가장 신뢰할 만한 기능을 주기능이라 표현한다면 균형감을 더해 주며 주기능을 보완해 상보적 역할을 하는 기능을 '부기능'이라 말한다. 주기능이 개인에게 있어 자신의 강점을 잘 드러내는 영웅과 같은 역할을 하기에 '1위 기능'이라고도 하며, 부기능은 균형감을 더해 주는 상보적 역할을 하기에 '2위 기능'이라고 부른다. 주기능과 부기능은 자신을 가장 강하게 드러낸다. 3위를 '3차기능', 4위를 '열등기능'이라 하는데, 3차기능과 열등기능은 가장 드러나지 않는 면이기 때문에 약점으로 드러날 수 있다.

유형역동을 알아야 하는 이유는 자신이 더 잘 해낼 수 있는 일이 무엇인지 주기능과 부기능이 찾을 수 있도록 돕기 때문이다. 주기능은 아동기에 발달하기 시작하며, 그렇게 발달한 주기능은 개인 성격의 핵심이 된다. 부기능은 청소년기 또는 초기 성인기에 발달하게 된다. 그래서 아동·청소년기에는 주기능과 부기능을 잘 발달시킬 수 있는 다양한 경험을 하는 것이 중요하다. 왜냐하면 주·부기능은 개인의 존재감이나 자존감을 높일 수 있도록 도울 뿐만 아니라, 자신의 특별함이 무엇인지 드러나게 해 주어 심리적으로 건강한 존재로 성장할 수 있는 중요한 역할을 하기 때문이다. 3차기능은 중년기에 이르러 본격적으로 발달하기 시작하는데, 이 시점에 3차기능이 강점으로 부각될 수도 있다. 열등기능은 50대 후반에 들어서야 시작되는데 그 이전에는 열등기능이 개인의 아킬레스건처럼 사용할 때마다 스트레스를 안겨 줄 수 있다. 자신의 주기능과 부기능에 맞는 직업을 선택하는 것이 중요한 이유는 나이가 들어도 잘 변하지 않기 때문이다.

성격 유형별 주기능, 부기능, 3차기능, 열등기능은 아래와 같다. MBTI의 4가지 선호지표에 대해 다시 한번 읽어 보고(21페이지 참고) 각각의 알파벳들이 의미하는 바를 기억하자. 진로를 선택하는 데 있어 가장 눈여겨봐야 하는 것은 주기능과 부기능이다. 만약 선택한 진로가 3차기능과 열등기능을 주로 사용해야

성격 유형	주기능	부기능	3차기능	열등기능
ISTJ	감각 S	사고 T	감정 F	직관 N
ISFJ	감각 S	감정 F	사고 T	직관 N
INFJ	직관 N	감정 F	사고 T	감각 S
INTJ	직관 N	사고 T	감정 F	감각 S
ISTP	사고 T	감각 S	직관 N	감정 F
ISFP	감정 F	감각 S	직관 N	사고 T
INFP	감정 F	직관 N	감각 S	사고 T
INTP	사고 T	직관 N	감각 S	감정 F

성격 유형	주기능	부기능	3차기능	열등기능
ESTP	감각 S	사고 T	감정 F	직관 N
ESFP	감각 S	감정 F	사고 T	직관 N
ENFP	직관 N	감정 F	사고 T	감각 S
ENTP	직관 N	사고 T	감정 F	감각 S
ESTJ	사고 T	감각 S	직관 N	감정 F
ESFJ	감정 F	감각 S	직관 N	사고 T
ENFJ	감정 F	직관 N	감각 S	사고 T
ENTJ	사고 T	직관 N	감각 S	감정 F

하는 것이라면 선택하는 과정에서 좀 더 고민이 필요할 수 있다.

성격 유형별로 주기능이 잘 발휘되었을 때 어떤 특징을 보이는지 알아보자.

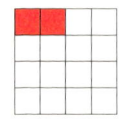

주기능 감각 S / 내향형 I

주기능이 감각 S인 성격 유형 중 내향형인 ISTJ와 ISFJ는 원활하게 주기능을 발휘할 때 사실적이고 구체적인 정보를 정확하게 잘 다룬다. 이들은 과거 경험을 토대로 현재 상황을 점검하는 데 초점을 두며 매우 신중하고 차분한 사람들이다. 주기능인 감각 S를 발휘하여 깊이 생각하고 경험에 기초한 접근을 취하는데, 이에 대한 균형을 잡기 위해 정보를 평가하고 의사결정을 할 때 부기능(ISTJ는 T사고, ISFJ는 F감정)을 활용한다. 신중한 결단력이 있으며 철저하다. 사실과 세부사항에 초점을 두고 그것들을 관찰하며 기억한다. 어떤 주제에 대해 자세히 배우기를 즐기고 그 분야의 전문가가 될 가능성이 높다. 일이 성사되도록 사람과 자원을 조직하며 체계적이고 일정하며 예측 가능한 일을 선호한다. 이들은 일을 할 때 과거의 경험과 최근의 정보를 연관 지으며, 단계적이고 순차적 절차에 따라 과업을 성취한다. 과업과 기대가 분명히 정의되고 구조화될 때 가장 편안해 하며, 일에 충실하고 책임감 있는 자세를 보인다. 이미 진행된 것 위에서 점진적 변화를 구축하는 것을 선호한다.

·01 - ISTJ

ISTJ 유형은 자신의 조직력과 정확성을 잘 드러낼 수 있는 일을 하고 싶어 한다. 선호하는 근무 환경은 조직에 질서가 있고 해야 하는 일이 명확하며 수행한 업무에 대해 보상이 명확한 곳이다. 또한 외부로부터 방해받지 않고 집중할 수 있는 어느 정도 자신만의 공간이 확보된 곳에서 혼자 일하는 것을 선호한다.

·02 - ISFJ

ISFJ 유형은 세심한 관찰력을 발휘하며, 인간에 대해 관심을 발현시킬 수 있는 직업을 선택한다. 일에 대한 결과를 확실히 볼 수 있고 그 결과가 사람들에게 유용한 일이라면 능력을 잘 발휘할 수 있다. 이들은 자신처럼 성실하고 친절한 동료와 함께 일하는 것을 좋아한다. 또한 조직이 안정적이고 업무 내용이 잘 구성되어 있으며 다른 사람의 방해를 받지 않고 혼자서 일에 집중할 수 있는 개인적인 공간을 보장받기 원한다.

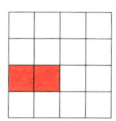

주기능 감각 S / 외향형 E

주기능이 감각 S인 성격 유형 중 외향형인 ESTP와 ESFP는 원활하게 주기능을 발휘할 때 다양한 외부 세계에 대한 경험을 선입견 없이 잘 받아들인다. 이들은 현재를 경험하고 즐기기를 원하며 활동적이고 발랄한 에너지를 가진 사람들이다. 먹고 마시고 즐길 것들을 탐색하며 감각적 경험을 추구한다. 주기능인 감각 S를 발휘해 실제적이고 활동적인 접근을 취하는데, 이에 대한 균형을 잡기 위해 정보를 평가하고 의사결정을 할 때 부기능(ESTP는 T사고, ESFP는 F감정)을 활용한다. 즉각적인 문제 해결을 즐기고 상황에 대한 주요 사실과 세부사항을 잘 관찰한다. 사람들을 즐겁게 하며 타협을 잘하고 잘 설득한다. 직접 해 볼 수 있는 구체적인 경험을 선호하고 다양하고 변화무쌍한 직업 활동을 즐긴다. 또한 이들은 현실적 창의력과 예술성을 보여준다.

·03 - ESTP

ESTP 유형은 현실적인 문제를 다루며 행동지향적이고 적응력이 필요한 일을 선호한다. 또한 자신의 현실감각을 발휘할 수 있는 분야에서 일하고자 한다. 자신의 활동에 대해 구속받는 것을 싫어하며, 업무에 분명한 목표는 있지만 일을 해나가는 과정에서 융통성을 발휘할 수 있는 환경을 좋아한다. 업무와 재미가 공존할 수 있는 일을 선호하고, 활기차고 생동감 넘치며 결과 지향적인 동료와 함께 일하는 것을 선호한다.

·04 - ESFP

ESFP 유형은 직접 행동하고 다양한 경험을 할 수 있는 일을 하고 싶어 하며, 다른 사람과 함께 있을 수 있는 일을 선택하려는 경향이 있다. 다른 사람에게 직접적이고 현실적인 도움을 주고자 하며, 스스로 만족하고 보상받을 수 있는 일을 찾으려고 한다. 이들은 생동감 있고 행동지향적이며 조화로운 분위기의 근무 환경을 선호한다. 또한 에너지가 넘치며 현실에 관심을 두는 적응력이 있는 사람과 함께 일하는 것을 선호한다.

주기능 직관 N / 내향형 I

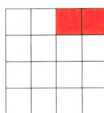

주기능이 직관 N인 성격 유형 중 내향형인 INFJ와 INTJ는 원활하게 주기능을 발휘할 때 자신의 명확하고 복합적인 통찰력에 대한 자신감을 갖는다. 이들은 주로 이면의 의미와 패턴에 주목하며 정신세계가 복잡하다는 인상을 줄 수 있다. 그리고 직관적 통찰력으로 상황을 해석하려는 경향도 있다. 주로 새롭고 다양한 아이디어를 내는 사람들이다. 주기능인 직관 N을 발휘하여 반추적이고 통합적인 접근을 취하는데, 이에 대한 균형을 잡기 위해 정보를 평가하고 의사결정을 할 때 부기능(INFJ는 F감정, INTJ는 T사고)을 활용한다. 깊이 있고 미래지향적 초점을 유지하며 아이디어와 가능성에 의해 활력과 영감을 얻는다. 참신한 아이디어를 접하고 학습함으로써 자극을 받으며 다양한 관점으로 사물을 바라본다. 그리고 이들은 아이디어를 내거나 계획을 할 때, 혼자 시간을 갖고 독립적으로 수행하기를 원한다. 개념적 모델을 만들어 적용하며 시스템과 진행과정을 개선하고자 노력한다. 광범위하고 통합적 해결책으로 복잡한 문제를 해결하며 복합적 프로젝트를 계획하고 조직한다. 높은 기준을 유지하고 제시간에 프로젝트를 완수하려고 노력한다.

·05 - INFJ

INFJ 유형은 사람의 가치를 중요하게 여기고 자신의 직관력을 사용할 수 있는 분야에서 능력을 발휘한다. 이들은 직관력과 영감, 새로운 가능성을 발견하는 통찰력을 발휘할 수 있는 일을 선호한다. 혼자 생각할 수 있는 시간과 공간이 필요하며 조용하고 조직화된 근무환경을 선호하지만, 다른 사람과 자유롭게 상호 작용이 가능한 곳에서 일하고 싶어 한다.

·06 - INTJ

INTJ 유형은 현상을 변화시키고 세상에 대한 자신의 시각을 창조적으로 설계해 볼 수 있는 일을 추구한다. 또한 자율성과 성장을 위한 여유를 가질 수 있고, 직관력과 통찰력을 발휘할 수 있는 분야에서 일하길 원한다. 이들은 효율적이고 업무 중심적인 분위기에서 일하는 것을 선호하고, 근무환경도 개인적인 공간, 어떤 일을 탐구하는 시간, 창조력을 발휘하는 기회가 갖추어진 과업 중심적인 곳이다.

주기능 직관 N / 외향형 E

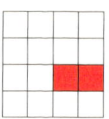

주기능이 직관 N인 성격 유형 중 외향형인 ENFP와 ENTP는 원활하게 주기능을 발휘할 때 가능성과 다양성에 대한 열정과 통찰력을 가진다. 이들은 미래의 가능성에 초점을 두고 비전을 그린다. 열린 사고방식으로 주기능인 직관 N을 발휘하여 혁신적이고 아이디어에 기초한 접근을 취하는데, 이에 대한 균형을 잡기 위해 정보를 평가하거나 의사결정을 할 때 부기능(ENFP는 F 감정, ENTP는 T사고)을 활용한다. 혁신적이고 미래지향적인 변화 추구자라고 할 수 있다. 그리고 이들은 개방적이고 탐험적인 환경에서 일하는 것을 선호한다. 타인과 소통하고 영향을 미치는 편이며 브레인스토밍을 통해 독창적인 아이디어를 생성하고 공유한다. 새로운 도전에 뛰어들고 그 과정에서 배움이 일어나며 이론과 개념을 학습하고 그것으로 통합하고 적용을 한다. 사람과 시스템의 잠재력과 가능성을 보며 새로운 프로젝트에 대한 지지를 얻기 위해 촉진자로 활동한다. 다양한 과업과 도전을 동시에 시도하며 유연하고 구조화되지 않은 변화하는 환경에서 일하기를 선호한다. 규칙·구조·관습·제약에서 벗어나 재빨리 활동하는 자유를 원한다.

·07 - ENFP

ENFP 유형은 다른 사람에게 혜택을 주기 위해 새롭고 독특한 방식으로 사물을 조합해 낼 수 있는 인간지향적인 일을 하고자 하는 경향이 있다. 사람의 가능성에 관심을 두고 상상력을 풍부하게 발휘할 수 있는 환경에서 일하는 것을 선호한다. 이들이 이상적으로 생각하는 일이란 다양한 경험을 제공해 주고 새로운 것을 시도하며 도전적이고 자유를 누릴 수 있는 일이다.

·08 - ENTP

ENTP 유형은 복잡한 문제를 해결하는 데 뛰어난 재능을 가졌으며, 지칠 줄 모르는 에너지를 소유하고 있다. 새로운 관심사로 눈을 돌리고 잇따른 새 프로젝트를 시작하는 것을 통해 끊임없이 에너지를 충전한다. 분석력, 기업가적 능력, 창조적 능력이 필요한 업무에 적합하다. 위험을 감수하고 도전적인 상황이 주어지기를 기대하며, 변화 지향적이고 융통성을 발휘할 수 있는 근무 환경을 선호한다.

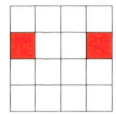

주기능 사고 T / 내향형 I

주기능이 사고 T인 성격 유형 중 ISTP와 INTP는 원활하게 주기능을 발휘할 때 효율적이고 논리적인 구조를 창출하고 적용한다. 이들은 자신만의 논리 체계로 상황을 관찰하고 분석하는 데 초점을 두며 심사숙고하는 관찰자의 이미지를 보이는 사람들이다. 회의적이고 독립적인 마인드를 지녔고 과정을 분석하는데 관심이 많으며 유연성 있고 구조적이지 않은 태도를 취한다. 그리고 자율성에 가치를 부여한다. 주기능 감각 S를 발휘하여 반추적이고 분석적 접근을 취하는데 이에 대한 균형을 잡기 위해 부가적 정보나 인식을 취함으로써 부기능(ISTP는 S감각, INTP는 N직관)을 활용한다. 이들은 적응력이 뛰어난 문제 해결자이며 조정자이다. 정보와 상황을 논리적으로 조사하고 평가하며 비평과 질문으로 이해를 구축한다. 문제를 교정하는 활동보다는 문제의 추론에 관심이 더 많다. 자유·다양성·유연성을 추구하며 관계적 상호작용보다는 객관적인 것을 더 선호한다. 최소의 노력으로 최대의 결과를 얻고자 한다.

·09 - ISTP

ISTP 유형은 일상생활에서 적응력과 손재주가 뛰어나다. 도구나 재료를 잘 다루고 실제적인 생산물을 산출해 내는 환경 속에서 일하기를 원하며, 비조직적인 사실을 논리적으로 조직화할 수 있는 일을 선호한다. 융통성을 발휘할 수 있는 환경을 선호하고, 즉각적으로 해결해야 하는 문제가 많은 근무 환경에서 일하고자 한다. 자신이 적극적이고 독립적으로 문제를 해결할 수 있는 기회를 원한다.

·10 - INTP

INTP 유형은 흥미에 대한 선호가 뚜렷하기 때문에 이들은 지적 호기심을 활용할 수 있는 분야에서 능력을 발휘한다. 자료를 요약하고 일반화시켜 새로운 모델을 만드는 것을 즐긴다. 어떤 문제에 대해 새로운 해결책을 시도하는 데에도 관심이 많다. 독립성과 자기가 스스로 결정하여 일할 수 있는 개인적인 자유를 원한다. 융통성이 있으며 비조직적인 근무 환경을 선호한다.

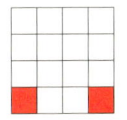

주기능 사고 T / 외향형 E

주기능이 사고 T인 성격 유형 중 외향형인 ESTJ와 ENTJ는 원활하게 주기능을 발휘할 때 외부 세계에 논리적이고 체계적으로 대응하며 결단력이 있다. 이들은 해결해야 할 문제를 도전적이고 전략적으로 해결하는 데 초점을 두며, 추진력이 있고 진취적이며 매우 논리적인 행동 과정을 취한다. 주기능인 사고 T

를 발휘하여 결과 지향적 접근을 취하는데 이에 대한 균형을 잡기 위해 부가적 정보나 인식을 취함으로써 부기능(ESTJ는 S감각, ENTJ는 N직관)을 활용한다. 책임감을 갖고 높은 역량 기준을 설정하며 프로젝트를 계획하고 관리하며 조직하기를 선호한다. 또한 이들은 문제를 해결하고 과업을 효율적으로 완수한다. 이해를 위해 질문과 비평을 활용하며 타인에게 분명하고 솔직한 피드백과 지시를 제공한다. 상황에 분명한 원리와 규칙을 적용한다.

·11 - ESTJ

ESTJ 유형은 타고난 관리자로서 일의 목표를 설정하고 지시하며 결정권을 행사하는 역할을 즐긴다. 비합리적이거나 일관성이 결여된 상황을 쉽게 파악하는 능력이 있다. 업무를 할 때에는 결과를 즉각적으로 확인할 수 있는 일을 하고 싶어 하며, 가시적이고 실제적인 일을 선호한다. 이들은 과업 지향적이고 조직적으로 일한다. 효율성을 추구하는 사람이 많은 근무환경을 선호하며, 앞으로의 상황을 예측할 수 있는 안정적인 분위기에서 일하기를 원한다.

·12 - ENTJ

ENTJ 유형은 자신의 관심 분야라면 그에 대한 지식이 많은 사람들이다. 복잡한 문제나 지적인 자극을 주는 새로운 아이디어에 호기심도 많다. 또한 목표에 매진할 수 있는 일을 원하며 전체적으로 조망할 수 있는 일에 빠져드는 경향이 있다. 이들은 목표지향적이고 자신감이 넘치며 능력 있는 사람과 함께 일할 수 있는 근무 환경을 선호하고, 도전적인 과제와 자신의 성취에 대해 직접적으로 보상 받기를 원한다.

주기능 감정 F / 내향형 I

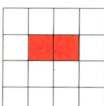

주기능이 감정 F인 성격 유형 중 내향형인 ISFP와 INFP는 원활하게 주기능을 발휘할 때 자신 및 타인의 가치를 잘 이해하고 지지해 준다. 이들은 인간적인 가치를 중요시 여기고 내적인 조화를 유지하는 데 초점을 둔다. 감정적 배려를 잘하며 차분하고 부드러운 이미지가 드러나는 사람들이다. 이들은 개인의 가치가 수용되고 그것들을 표현할 수 있는 직업을 선호한다. 주기능 감정 F를 활용하여 반추적이고 인간적 접근을 하며 이에 대한 균형을 잡기 위해 부가정보를 취하는 부기능(ISFP는 S감각, INFP는 N직관)을 활용한다. 조용하고 동조적이며 유연하게 타인을 지지한다. 독특하고 진정성 있게 자신을 표현하며, 의미 있고 인간적인 것으로 세상에 기여한다. 일이 조화롭게 되도록 뒤에서 도와주며 타인이 최선을 다할 수 있도록 격려한다. 또한 사람들이 원하는 것에 서비스나 제품을 제공한다. 업무 시 자유와 유연성, 독립적으로 일할 수 있는 기회를 즐기며 방해받지 않고 일할 수 있는 평화로운 개인 공간을 선호한다. 갈등이 최소화될 수 있는 직업을 추구한다.

·13 - ISFP

ISFP 유형은 자신의 융통성과 적응력을 활용할 수 있고, 다른 사람에게 지금 필요한 것을 채워줄 수 있는 직업을 선호한다. 또한 즉각적으로 반응하는 것을 좋아하며, 자신이 실제적이고 구체적인 도움을 줄 수 있는 일을 선택하려고 하는 경향이 있다. 사람을 평등하게 대하는 환경을 선호하고, 자신의 일을 조용히 즐겁게 하며, 협조적인 사람과 일하는 것을 좋아한다. 특히 융통성이 있으며 능력을 갖춘 친절한 협조자와 일하는 것을 선호한다.

·14 - INFP

INFP 유형은 세상을 좀 더 개선하는 데 기여할 수 있는 직업을 선호하며, 새로운 아이디어를 제안하고 통찰력과 장기적인 안목으로 앞을 내다볼 수 있는 일을 하고자 한다. 이들에게 열정적으로 일하는 것은 중요하며 같은 가치에 헌신할 수 있는 협조적인 사람과 함께 일하는 것을 선호한다. 일과 삶에서 타인의 정서를 잘 이해하고 원만한 관계를 맺고자 한다.

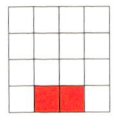

주기능 감정 F / 외향형 E

주기능이 감정 F인 ESFJ와 ENFJ는 원활하게 주기능을 발휘할 때 타인과의 관계에서 감사와 지지를 바탕으로 한 조화를 유도한다. 이들은 상대방의 감정을 공감하고 지지하는 데 초점을 두며 협조적이고 표현적이며 인정이 많은 사람들이다. 함께 하는 사람들에게 도움을 주고 친절을 베풀고자 한다. 조직의 분위기가 행복에 영향을 미친다. 이들은 협력적이고 인간지향적인 의사전달자이다. 사람·사건·프로젝트를 계획하고 조직하며 조정한다. 정서와 가치를 개방적으로 표현하며 상호작용과 토론을 통해 타인을 이해한다. 개인·공동체·사회적 가치를 지키고 기여한다. 즐겁고 평화로운 업무공간을 추구하고 창출한다. 책임감 있게 과업을 완수하고 프로젝트만큼 관련된 사람의 욕구에도 초점을 맞춘다.

· 15 - ESFJ

ESFJ 유형은 사람들과 상호작용을 하는 분야에서 능력을 발휘하며, 업무의 목표가 분명하고 조직적인 분위기에서 일하는 것을 선호한다. 개인의 욕구를 배려하고, 서로를 이해하는 인간적인 분위기에서 가장 효과적으로 일을 수행할 수 있다. 타인을 돕는 데 가치를 두는 협력적이고 양심적인 사람과 함께 일하는 것을 선호한다. 또한 자신의 업무 공간을 가능한 한 효율적으로 만들며 그곳에서 따스함을 느낄 수 있도록 한다.

· 16 - ENFJ

ENFJ 유형은 사람을 좋아하는 사교적인 유형이다. 사람을 다루고 이와 관련된 행동을 요구하는 분야에서 능력을 발휘한다. 사람을 우선으로 생각하며 서로 보완하고 지지해 주는 근무 환경에서 일하는 것을 선호한다. 조화로운 분위기 속에서 자신을 표현할 수 있도록 격려해 줄 때 최선의 노력을 다하며 최대의 능력을 발휘한다. 일을 할 때나 다른 사람과 의사소통을 할 때 자신의 의견을 잘 표현한다.

지금까지 16가지 성격 유형 중 주기능이 같은 유형들의 공통적인 특징과 각 성격 유형별 특징을 알아보았다. 성격 유형별로 주기능을 잘 발휘할 수 있는 일을 할 때 우리는 실패 확률을 줄일 수 있다. 자신의 성격 유형별 특징을 확인하고 자신이 현재 하고 있는 일이 적합한 일인지 반추해 보자. 혹시 그렇지 못하다 하더라도 당장 그 일을 그만두라는 것은 아니다. 당신에게 자기 탐색의 시간이 필요한 게 지금이라는 신호일 수 있다.

MBTI 선호지표에 숨겨진 메시지

MBTI 4가지 선호지표별로 직업에 대해 기대하는 바가 다르다. 어떤 사람들은 자신의 열정이 이끄는 대로 직업을 선택하기도 하고 어떤 사람들은 현실적이어서 직업을 선택할 때 실용적인 측면을 더욱 고려하기도 한다. 이러한 정보는 성격 유형을 이해하면서 얻게 되는 이로움이다. 자신의 성격 유형을 알고 선호 경향에 대한 정보들을 미리 알고 있다면 진로를 탐색하고 직업을 선택하는 과정이 좀 더 효율적일 수 있고, 직업인이 된 모습을 상상하는 데에도 도움을 줄 수 있다. 선호지표별로 어떤 메시지를 숨기고 있었는지 이제 더 제대로 탐색해 보자.

E 외향형 / I 내향형

첫 번째 선호지표로, 외향형은 사람들과 협력해 일을 하며 책상 앞에서 하는 일보다 사무실 밖에서 활동할 수 있는 일을 하기 원한다면, 내향형은 혼자서 조용히 집중하며 일할 수 있는 직업을 원한다.

외향형이 직업적 만족감을 느끼는 상황은 많은 사람들을 접촉하고 다양한 프로젝트를 수행하며 자신의 생각을 마음껏 표현할 수 있는 직업에 종사할 때다. 반면 내향형은 한 번에 하나의 프로젝트에 집중할 수 있고, 신중하게 생각할 여유를 가지면서 꾸준한 속도로 일할 수 있는 직업에서 만족감을 찾을 수 있다. 외향형과 내향형은 각각 어울리는 직업이 조금씩 다를 수 있다. 아래 예시로 든 직업들을 수행하고 있는 자신을 상상해 보자. 그리고 반대의 상황도 상상해 보라. 당신의 머릿속에 그려지는 상상처럼 우리는 좀 더 어울리는 직업이 있고 다소 불편함을 가질 수 있는 직업이 있다. 그러나 절대적인 정보가 아님을 기억하고, 직업들이 어떤 환경에서 일하고 사람들과 관계하는지 생각해 보기를 바란다.

	E 외향형	I 내향형
어울리는 직업	상인, 대인관계 전문가, 배우, 영업직, 경영자, 사회 운동가, 대중 연설가 등	예술가, 컴퓨터 프로그래머, 도서관 사서, 건축가, 대학교수, 회계사, 엔지니어, 작가, 연구직 등

S 감각형 / N 직관형

두 번째 선호지표로, 감각형은 세밀하게 주의와 관심을 필요로 하는 일을 하기 원한다면, 직관형은 새로운 문제를 스스로 해결할 수 있는 일을 하고 싶어 한다. 유사하거나 같은 직종이라도 일하는 방법에서 차이를 보여준다. 감각형은 실제의 것을 다루고, 문제 해결을 위해 과거의 경험을 적용할 수 있으며, 문제에 대한 확실한 전망을 가질 수 있고, 하루 일과를 끝낼 때 무엇인가를 이루어 냈다는 만족감을 줄 수 있는 직업에 종사할 때 자신의 능력을 최대한 발휘할 수 있다. 반면 직관형은 일의 가능성에 중점을 두고, 문제 해결에서 창의적이고 혁신적인 접근이 가능하며, 끊임없이 새로운 도전 목표를 안겨주는 직업에 종사할 때 최대의 능력을 발휘할 수 있다.

아래 예시로 든 직업들을 수행하고 있는 자신을 상상해 보자. 그리고 반대의 상황 또한 상상해 보라.

	S 감각형	N 직관형
어울리는 직업	경영자, 은행가, 경찰, 행정관료, 농장관리, 무역, 교사, 간호사, 회계사, 경리직, 군인, 부동산 중개인, 비서, 소매 영업직 등	심리학자, 카운슬러, 성직자, 작가, 언론인, 사회학자, 철학자, 화가, 연주가와 작곡가, 연구자, 사회 운동가, 대학교수(특히 인문과학), 컨설턴트, 법률가, 컴퓨터 프로그래머, 디자이너 등

T 사고형 / F 감정형

 세 번째 선호지표로, 사고형은 논리적인 질서나 사상, 숫자나 물질적 대상과 관련된 일을 하고자 하는 기대가 있다면, 감정형은 사람들에게 봉사하고 직업 환경이 조화롭고 무엇보다 자신이 마음에 드는 일을 하고 싶어 한다. 감정형에 비해 자기주장이 강한 사고형은 그들을 자신만만하게 보이게 한다. 사고형이 능력을 발휘할 때는 논리적으로 분석하고 객관적인 결론을 이끌어 낼 때이며, 경쟁적인 분위기가 있는 분야에서도 잘 적응하는 편이다. 반면 협조적이며 개인의 가치관을 매우 중요시 여기는 감정형은 어떤 방식으로든 사람들에게 도움을 줄 수 있고, 개인적인 의미가 있을 때이다. 그래서 우호적이고 협조적인 분위기에서 일할 때 능력을 잘 발휘할 수 있다.

 아래 예시로 든 직업들을 수행하고 있는 자신을 상상해 보고, 그 반대의 상황도 상상해 보자. 사고형에게 적합한 직업의 예시들을 보면 어떤 일을 결정하고 판단할 때 명확한 기준을 갖고 수행해야 하는 일들일 수 있다면, 감정형에 적합한 직업들은 정답이 있다기보다는 인간에 대한 깊이 있는 이해와 관계 속에서 수행되는 일들을 수반하고 있다.

	T 사고형	F 감정형
어울리는 직업	사업(특히 고위 경영자), 컨설턴트, 관리직, 학교 교장, 과학자, 엔지니어, 변호사, 판사, 회계사, 병리학자, 컴퓨터 전문가 등	성직자, 카운슬러, 인문학 교사, 육아 및 건강 관리자, 가정의, 심리학자, 사회 운동가, 소매 영업직, 부동산 중개인, 고객 관리자 등

J 판단형 / P 인식형

네 번째 선호지표로, 판단형은 일의 과정이 체계적이고 단계적인 일을 하기 원한다면, 인식형은 변화하는 상황에 적응해 나가고 상황을 다루기보다는 이해하는 것이 좀 더 중요한 일을 하고 싶어 한다. 판단형은 결정에 대한 권한이 있고 예측이 가능할 때 안정감을 느껴 능력이 발휘되지만, 인식형은 상황의 변화에 유연하게 대처하고, 문제가 발생할 때마다 자연스럽게 대응할 수 있는 권한을 가질 수 있으며, 규칙과 절차를 까다롭게 강요하지 않을 때, 특히 흥미를 유발하는 직종에 종사할 때 능력을 제대로 발휘할 수 있다.

판단형에게 적합한 직업이 어떠한 프로세스 하에서 명확한 답을 찾아내야 하는 체계적인 일들이라면, 인식형에게 적합한 직업은 정답보다는 과정에서 발견되는 중요한 가치와 의미를 통해 결과로 이어지는 일들이 좀 더 많다.

	J 판단형	P 인식형
어울리는 직업	경영자, 학교 교장, 경찰, 은행원, 컨설턴트, 엔지니어, 치과의사, 회계사, 판사, 교사, 가정의, 변호사 등	언론인, 작가, 예술가, 연예인, 중개업자, 목수, 심리학자, 독자적인 컨설팅과 카운슬링 등

이처럼 각각의 선호지표별로 직업에 대해 기대하는 바가 다르다는 것을 이해하면 선호지표의 조합으로 완성되는 각 성격 유

형이 어떠한 직업적 기대를 가지고 있는지 통합적으로 이해하고 활용할 수 있을 것이다. 기대하는 바를 실행하고 있는 나를 상상해 보는 것은 매우 의미 있는 일이며, 만약 반대의 상황일 경우 어떤 일이 벌어질지 예측해 보는 것도 의미가 있다. 기억해야 하는 것은 '무엇을 하는가'보다 '어떻게 하느냐'의 방법적 측면에서 선호지표별 다름이 존재한다는 것을 이해하고 활용하는 것이다. 가능하다면 능력이 잘 발휘될 수 있는 직업에 종사할 때 직업적 만족감을 높일 수 있고 행복한 삶까지도 가능할 것이다.

마음이 향하는 일

MBTI 선호지표 중 가운데 두 개의 알파벳은 마음속 나침반과 같은 역할을 한다. 어떻게 정보를 인식하고 그 결과 어떤 선택이나 결정을 내리는가 하는 과정은 일생 동안 하게 되는 일이다. 선호지표의 감각 S, 직관 N, 사고 T, 감정 F 중 선택된 두 개 지표를 '심리적 기능'이라 표기하며, 인식기능과 판단기능의 조합으로 이루어진 심리적 기능은 진로 선택에 큰 영향을 미친다. 앞에서 다룬 것처럼 심리적 기능을 주기능과 부기능으로 설명하고 이해할 수도 있고 두 개의 알파벳을 조합해 함께 해석할 수도 있다. 내 마음속 나침반이 어디를 향하고 있을지 알아보자.

ST	SF	NF	NT
ISTJ	ISFJ	INFJ	INTJ
ISTP	ISFP	INFP	INTP
ESTP	ESFP	ENFP	ENTP
ESTJ	ESFJ	ENFJ	ENTJ

ST

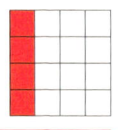

생산성을 추구하는 ST유형은 '사실'에 관심을 둔다. 왜냐하면 '사실'은 보고, 듣고, 만지고, 세고, 무게를 재고, 측정하는 등의 감각을 통해 수집하고 증명할 수 있기 때문이다. 수집된 사실을 바탕으로 하여 의사결정을 내릴 때에도 인정에 얽매이지 않고 논리적인 분석을 통해 결정을 내리는 편이다. 이들은 원인에서 결과, 가정에서 결론에 이르기까지의 단계적, 논리적 추리 과정을 선호한다.

ST 유형의 사람들은 경제, 법률, 외과의사, 회계, 생산, 기계나 재료의 조작 등 구체적 사실에 대한 냉정한 분석이 요구되는 분야에서 만족감을 느낄 가능성이 높다. 성격 유형별 특징이 고려된 직업 분야는 다음과 같다.

ISTJ	회사나 정부의 관리, 회계, 공학, 컴퓨터 조작과 분석, 기술, 무역, 교직, 경찰 등의 분야
ISTP	군인 또는 교정업, 기술적인 무역업, 장인, 기계, 전기, 전자공학 또는 기술직, 컴퓨터 프로그래밍, 법률, 회계 등의 분야
ESTP	경영과 판매, 경찰이나 교정직, 건축, 은행, 농업, 중소기업 경영, 정치, 언론, 개인 서비스 등의 분야
ESTJ	관리직(소매, 상업, 음식점, 은행, 공공 복지, 정부 등), 기술/무역에 대해 가르치는 것, 군사, 경찰, 교정직, 사회공공복지, 회계, 건설 등의 분야

SF

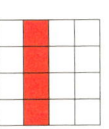

인간성을 추구하는 SF유형은 감각을 통해 직접적으로 수집할 수 있는 사실에 관심을 기울이고 있고, 의사결정을 내릴 때에는 개인의 주관성이나 개인적인 온정을 바탕으로 한다. 감정을 신뢰하기 때문이다.

이들은 의사결정을 내릴 때 자기 자신이나 상대방에게 어떤 영향을 줄 것인가를 중요하게 생각하고, 사물에 대한 사실보다는 사람에 대한 사실에 더 큰 관심을 가지고 있다. 그래서 동정적이고 우호적이다. 구체적 상황과 자신의 따뜻한 온정을 펼칠 수 있는 분야에서 성공과 만족을 느낄 수 있다.

SF 유형의 사람들은 판매, 친절한 서비스업, 교직(특히 초등교육), 간호, 소아과 의사, 환자를 직접 돌보는 보건 분야에서 만족감을 느낄 가능성이 높다.

ISFJ	교직, 환자와 자주 접촉하는 의료분야(가정의학이나 간호 포함), 종교적인 직업, 도서관직, 사무직, 개인과 사회 봉사직 등의 분야
ISFP	건강관리와 서비스업, 간호, 사무, 개인서비스 관련 직업, 숙련된 기능, 무역과 기술적인 직업들(목수, 기사, 방사선 기술자 등), 경찰, 형사직, 교육 등의 분야
ESFP	교육(특히 취학전 아동에서부터 고3까지)과 코치, 아동보호, 사무직, 레크리에이션, 요식업, 간호, 판매, 인간을 위한 서비스, 종교적인 직업과 교육 등의 분야
ESFJ	교사(특히 초등교육과 성인 교육), 종교적 일(봉사와 교육의 모든 형태), 건강보호(간호와 건강교육을 포함), 개인적 봉사, 육아, 가사일, 사무직, 성직자 등의 분야

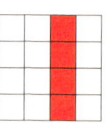

NF

진실을 추구하는 NF 유형은 의사소통에 재능이 있으며, 사람들의 가능성을 촉진시키는 일에서 능력을 발휘한다. 이들은 인생의 가치를 찾아가며, 자신의 존재를 찾고자 하는 열정적이고 통찰력이 뛰어난 사람들로 말이나 문자에 특별한 재능을 가진 사람이 많다. 자신들이 본 가능성, 그리고 그 가능성이 가진 가치를 전달하는데 뛰어난 능력을 가지고 있다. 이들의 장점은 다른 사람들에게 동기부여를 잘 한다는 점이다. 새로운 아이디어를 발휘하기도 하며 다양한 사람에 대해서 개방적이다. 또 이들은 인간의 복지 문제를 해결하는 데 관심이 많을 수 있다. 규칙이나 지시가 최소한으로 주어지는 상황에서 일을 잘 하는 편이다.

 NF 유형의 적성 분야로는 고등교육기관이나 대학 등에서 가르치는 일이다. 사람에 대한 가능성을 실현할 수 있는 분야나 무형 자원의 판매, 상담이나 집필, 연구 등의 분야에서 만족감을 느낄 가능성이 높다. 성격 유형별 특징이 특징이 고려된 직업 분야는 다음과 같다.

INFJ	선교나 교육(종교, 외국어, 예술분야 등), 건축, 의료, 심리, 매체, 마케팅, 상담, 순수예술 등의 분야
INFP	순수예술, 저술 및 언론인, 심리학, 정신과 의사, 사회과학, 상담, 건축, 교육(종교, 예술, 드라마, 음악, 외국어 등), 도서관, 연극, 연예인 등의 분야
ENFP	상담, 교육(특히 고등학교와 대학), 심리학, 언론, 작가, 사회과학, 순수예술, 연극, 연예인, 음악, 성직과 종교교육, 음식서비스, 섭외 및 홍보활동 등의 분야
ENFJ	종교직(종교교육을 포함 모든 서비스 분야). 교직, 상담, 심리학, 연극, 음악, 순수예술, 작가, 저널리스트, 도서관직, 전문적인 보건 관련일(가족상담, 의사, 간호와 건강교육 포함) 등의 분야

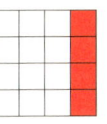

NT

 NT유형은 무엇이 진리인 것인가에 대한 끝없는 질문을 하는 사람들이다. 이들은 '독창성을 발휘하는 일인가?', '새로운 아이디어를 낼 수 있는가?', '비전이 있는가' 등의 가치관을 추구한다.

판단할 때 사고의 객관성을 중요하게 여긴다. 가능성이나 이론적인 관계, 추상적인 양식에 초점을 맞추지만 인정에 얽매이지 않는 객관적이면서 합리적인 분석을 바탕으로 판단을 내리려고 한다.

논리적이고 창의적이며 영리한 편으로 과학적인 연구나 수학, 복잡한 것을 정리하는 것에 관심이 있고, 분석적이며 미래지향적인 특성을 가지고 있다. 특히 관심을 가지고 있는 분야에서는 문제 해결에 뛰어난 역량을 발휘한다.

NT 유형의 적성 분야로는 연구직, 수학자, 기술직, 과학이나 이론적인 분야, 관리직, IT 등의 일이다. 성격 유형별 특징이 특징이 고려된 직업 분야는 다음과 같다.

INTJ	법률, 공학, 건축, 물리, 생명과학, 심리학, 사회과학, 컴퓨터과학, 저술, 편집, 예술분야, 컨설팅 등의 분야
INTP	물리학, 생명과학, 컴퓨터과학, 사회과학, 건축, 법률, 예술과 예능, 사진, 저술, 언론인, 기술자, 약사 등의 분야
ENTP	사진촬영, 마케팅, 홍보활동, 언론, 작가, 기술직, 컴퓨터과학, 생명과학, 자연과학, 건설, 컨설팅, 연기, 예술과 예능, 법 등의 분야
ENTJ	다양한 관리, 행정 역할, 사업과 재정분야, 판매, 심리학, 사회과학, 법조계, 물리학, 생명공학, 교수(대학수준), 컨설팅, 연극, 컴퓨터 공학 등의 분야

지금까지 MBTI의 심리적 기능의 특징과 관심분야를 알아보고 성격 유형별 직업분야를 알아보았다. 적성 분야는 그 성격 유형에 적합한 소질이나 적응 능력을 가졌을 가능성이 있다는 것이다. 마음속의 나침반과 같이 자신이 관심 있고 좋아하고 끌리는 방향이 어디인지 생각해 보는 시간을 갖기 바란다.

당신을 움직이게 하는 원동력

성격 유형에 따른 직업에 대한 기대와 선호, 어울리는 직업 등을 알아보았다. 성격 유형은 자신을 이해하는 데 있어 전부가 아닌 일부분일 뿐이다. 자신의 진로나 직업을 더 깊이 있게 이해하려면 삶을 살아가는데 중요한 기준이 되는 자신만의 가치관, 흥미, 역량 등을 함께 탐색해야 한다. 그중 가치관은 개인의 삶을 일관성 있게 만드는 요소이며 만족할 만한 삶을 위해 매우 중요하다. 과거에는 안정된 한 직장에서 고정수입을 얻기 원했다면 지금은 새로운 경제 상황에 맞춰 자신들의 가치관에 맞는 일을 찾는다. 그것이 더 의미 있다고 여기는 것이다. 그만큼 가치관은 자신을 움직이게 하는 원동력이 된다. 성격 유형별, 선호지표별, 심리기능별로 적합한 직업을 제시하기는 했지만 유형이 같다고 같은 직업을 선택하는 것은 아니다. 같은 성격 유형이라고 하더라도 가치관이 다르면 서로 다른 진로를 탐색하고 결정할 가능성이 높다. 예를 들어 창의성, 자기표현, 명예를 얻는 것이 중요한 ENFP 유형이라면 그것들을 발휘할 수 있는 활동적인 직업을 선택할 가능성이 높다. 가정과 양육, 영적 생활 등에 높은 가치를 둔 ENFP 유형이라면 타인의 내면세계를 돌보는 영역의 일을 선택할 가능성이 높다.

자신의 가치관을 확인해 보고 싶다면 다음의 리스트 중 중요하게 여기는 것을 선택하고 적어 보자.

성취	미적 추구	독립성	도전	안락함	경쟁
사회 기여	창의성	즐거움	윤리	모험	전문성
명예	가정	우정	건강	봉사	정직
내적 조화	지적 추구	직업 환경	지도력	여가	주거지역
재력과 부	타인 돌봄	질서와 체계	신체적 욕구	놀이	권력과 권위
인정	생산성	대회 활동	존경	책임	안전
자아실현	서비스	영적 생활	안정성	지위	일하는 시간
다양성	혼자 일하기	더불어 일하기			

내가 선택한 가치관 _____

자신이 우선시하는 가치관을 선택한 후 고려하고 있거나 수행 중인 직업이 그 가치관에 부합하는 일인지 점검해 보자.

진로나 직업을 선택할 때 성격이나 가치관과 더불어 함께 고려해야 하는 것은 '흥미와 능력'이다. 공부나 일에 있어 자연스럽게 자신의 흥미를 끄는 것, 좋아하는 것, 자주 생각이 끌리는 것, 신나게 하는 것이 있다면 그 또한 직업 선택에 있어 고려해야 한다. 그리고 자신이 가진 능력, 재능, 자질 중 역량으로 평가될 수 있는 것이 무엇인지도 고려해야 한다. 역량은 자신이 가치롭게 생각하는 것을 달성하도록 도와준다. 이러한 탐색의 과정이 더 나은 직업을 선택하게 돕는다. 이런 것들을 모두 고려하여 선택한 진로는 당신을 성공적인 직업인으로 살아가도록 도울 것이며 나아가 더 나은 삶, 행복한 삶을 가능케 할 것이다.

03_
MBTI와 리더십

인생에서 한 번쯤은 리더를 할 기회가 생긴다. 어느 성격이 리더를 더 잘 한다고 할 수는 없다. 성격이 다른 것처럼 리더십 또한 다양할 수 있기 때문이다. 그래서 성격 유형을 통해 효율적으로 자기에게 맞는 리더십을 개발하는 것이 필요하다. 자신뿐만 아니라 조직의 성과도 이 리더십에 따라 큰 차이를 보여줄 수 있다. MBTI를 통해 자신의 행동 패턴을 이해하고 개인의 유형을 개발하는 것이 곧 리더십 개발의 시작점이다. 조직과 조직원을 리드하는데 유용한 정보를 주는 MBTI 유형과 리더십의 관계를 살펴보자.

리더의 성장방법

위기가 있을 때마다 그 위기를 돌파하기 위한 조직의 노력과 리더의 역량은 중요하다고 항상 말한다. 21세기 MZ세대 리더들의 등장은 더욱더 조직의 변화를 요구하고 있다. '리더는 어떻게 성장하는가?'에 대한 답을 찾기 위해 여기저기서 노력을 한다. 하지만 이보다 더 빠른 좋은 방법이 있다. 전임자들의 잘못된 관행을 따르지 않는 것이다. 그런 리더는 항상 도태되어 왔다.

세계에서 가장 영향력 있는 경영 전문가로 꼽히는 리더십의 구루《맨프레드 케츠 드 브리스》교수의 『리더는 어떻게 성장하는가』[1]는 조직의 변화와 혁신을 위해 리더들이 무엇을 해야 하고, 어떤 단계로 성장해야 하는지 5가지 질문을 던졌다. 리더십의 치명적인 5가지 위험을 보여주는 동화를 통해서 당면하고 있는 조직의 '진짜 문제'에 대해 이야기함으로써 진정성 있고 생기 넘치는 조직으로 변화할 수 있는 로드맵을 제시했다. 리더가 성장하기 위해 피해야 할 5가지 위험 요소는 다음과 같다.

첫 번째는 '자신을 잘 모르는 것'이다. 사람은 먼저 자신을 알아야 다른 사람도 이끌 수 있고, 진정으로 무엇을 하고 싶은지도 알게 된다. 자신을 모르게 되면 비전도 꿈도 없이 관행적인 해석과 행동에서 벗어나지 못하게 된다.

두 번째는 '오만'이다. '자기애(나르시시즘)'가 과도하게 강하고 자기도취적인 인식에 빠질수록 거만하고 현실감각이 부족해진다. 이로 인해 수많은 리더들이 파괴적인 행동을 한다. 자기이익과 자기실현의 건강한 추구가 자기 몰두(self absorption)로 바뀌면, 나르시시스트는 타인을 자아의 욕구와 욕망을 충족시켜주는 하찮은 존재로 여기게 된다. 반면, 자기도취적인 행위가 건설적으로 진화된다면 이는 성공적인 조직으로 가는 원동력이 될 것이다. '건강한 자기애를 가졌는가?'를 자문해 봐야 한다.

세 번째는 '사람들 각자에게서 최고의 능력을 이끌어내지 못하는 무능력'이다. 좋은 리더는 사람들이 스스로에 대해 생각하는 것보다 더 큰 재주와 능력을 알아보고, 그들이 잠재력을 발휘할 수 있도록 돕는다. '사람들에게서 최선을 끌어내는가?'를 자문해 봐야 한다.

---

[1] 2017.03.02 맨프레드 케츠 드 브리스

네 번째는 '효율적인 팀을 만들어 내지 못하는 것'이다. 성공하는 리더는 자신의 한계를 알고 받아들일 줄 안다. 그래서 자신에게 없는 장점을 가진 사람들로 주위를 채우게 된다. 상호보완적인 사람들로 '우주 최강'의 팀을 만들어 내는 것이다. '성공하는 팀은 무엇이 다른가?'에 대한 답변이 이것이다.

다섯 번째는 '조직을 인재 무덤으로 만드는 것'이다. 건강한 사람은 건강한 환경을 필요로 한다. 건강한 일터란 구성원들이 리더를 신뢰하고 일 자체와 회사를 자랑스럽게 여기고 동료의식이 충만한 곳이다. 정말로 좋은 일터는 동기부여 시스템에 부응하는 세 가지 필수 요소인 사랑, 재미, 의미를 제공한다. 사람들은 이처럼 '진정성 있고 생기 있는 조직'에서 온전히 살아 있음을 느낀다. 이러한 요소가 결여된 조직에는 단지 '생존(alive)'만 있을 뿐이라고 위 책[2]의 저자는 일침을 놓았다.

위에서 언급한 5가지 위험 요소를 피할 수 있는 솔루션이 궁금하지 않은가. 자신을 잘 모르는 것, 오만, 무능력, 효율성의 부재, 인재 무덤의 취약점을 메울 수 있는 솔루션을 MBTI로 찾는 것은 흥미와 실효성에 있어 조직에서 많은 도움이 된다.

리더는 늘 성장해야 하고 정제되어야만 한다. 끊임없는 자기성찰, 조직원들의 격려와 지지, 팀 활성을 위한 고군분투의 삶에 MBTI의 심리적 역동을 활용해 보기를 권한다.

---

2 리더는 어떻게 성장하는가

팀빌더로서의 나

MBTI에서 리더십은 개인적인 내적 능력이 크게 영향을 미친다고 말할 수 있다. 리더십은 사람에 따라 매우 다양한 형태로 발휘되고, 어느 한 가지 스타일로 정의 내리기 어렵다. 팀원들의 특성에 따라 결과도 다르게 나타난다. 리더는 효과적으로 조직 목표를 달성하고 협동을 촉진시키기 위해 리더십을 발휘해야 한다. MBTI는 리더십 개발을 위해 필요한 '나는 어떤 사람인가', '나는 어떤 리더십 스타일을 갖고 있는가'를 아는데 매우 유용하다.

먼저 MBTI에서 말하는 기질에 대한 설명을 통해서 리더의 특징을 이해해 보자. 기질 조합은 두 가지 판단기능(T/F)과 직관(N)이 결합한 형태, 그리고 외부 세계에 대한 두 가지 양식(J/P)과 감각(S)이 결합한 형태로 볼 수 있다. 총 4가지 조합 형태인 NT, NF, SJ, SP를 각각 살펴보자. 이 4가지 기질은 성격 유형의 핵심욕구, 가치, 재능을 설명하는데 활용할 수 있다.

책임감이 강한 SJ기질 리더 ISTJ, ESTJ, ISFJ, ESFJ

- 일관성이 있고 안정적
- 시간을 잘 지키고 믿음직
- 체계적이고 철저
- 사실과 현실성에 근거

전통을 중시하고 안정적인 것을 선호하는 SJ리더는 부모 같은 리더로서의 면모를 겸비하고 있다. 이들의 강점은 복잡한 상황에서도 신뢰할 수 있는 태도로 문제를 정의하고 명확성을 추구한다는 것이다.

생산성을 극대화해 전 세계적인 온라인 쇼핑몰로 성장시킨 아마존의 CEO 제프 베조스(Jeff Bezos)가 대표적인 SJ리더에 해당한다.

SJ리더는 조직 내 변화가 생길 경우 우왕좌왕하기보다는 이러한 변화에 대해 책임감을 갖고 이끌어 가려고 한다. 또한 계획을 잘 세우고 체계적인 구조를 만들어 해결하고자 노력한다. 그러다 보니 철저하게 관리하고자 하는 강점이 선호가 다른 조직원들과의 충돌을 만들기도 한다. 당연히 불만이 생기게 되고, 과하게 간섭하는 리더로 비치기도 한다. SJ리더와 맞지 않아 발생하는 불만의 표현들은 다음과 같다.

> "늘 하던 대로 하는 것보다는 변화를 주는 게 좋은데,
> 팀장님은 새로운 아이디어를 별로 반기시는 것 같지 않아!"

> "나름대로 스케줄을 관리하고 있는데,
> 자꾸 팀장님이 중간중간 확인하고 걱정하시니
> 오히려 능률이 오르지 않고 지칠 뿐이야!"

SJ리더와 동일한 리더십을 가진 팀원이라면, 팀장이 업무 과정에 하나부터 열까지 개입하는 것에 대해서 크게 부담을 느끼지 않을 것이다. 오히려 본인의 일이 어디까지 진행되었고 어떻게 진행되고 있는지 팀장이 확인하지 않으면 의아하게 여길 수 있

다. 하지만 기질이 다른 팀원들은 분명 다르게 생각한다. 팀장의 과도한 참견과 참여에 대해서 '팀장님이 나는 믿지 못하는 걸까?' 라는 의문이 생기게 할 수 있다. 그러므로 책임감은 갖되 팀원들의 성향에 맞추어 언제, 어떻게 개입해야 하는지 확인해 가는 과정이 추가된다면 마치 부모에게서 느끼는 편안함을 발산하면서 더 지속 성장 가능한 리더로 자리매김할 수 있다고 확신한다.

빠르게 반응하는 SP기질 리더 ISTP, ESTP, ISFP, ESFP

- 효율성과 실용성 중시
- 재치있고 능수능란
- 단도직입적, 형식에 얽매이지 않음
- 융통성, 모험 즐김

SP리더는 예상치 못한 일이 발생하더라도 이에 대처할 수 있는 능력과 운이 있다고 믿고, 다양한 방향을 탐구하고자 하는 적극적인 성향을 보인다. 이들은 변화를 두려워하지 않고 오히려 변화를 통해 효율성을 높일 기회를 찾는다. 기회가 오면 과감하게 도전하고, 자기주도적인 분위기를 만들어 내고야 만다. 이들은 절충과 적응으로 실천을 중요하게 여기는 리더십을 발휘한다.

트위터의 프로그램을 작성한 잭 도로시(Jack Dorsy)는 대표적인 SP리더에 해당한다. 오늘날에는 당연한 것으로 느껴지지만 세상의 사람들이 무엇을 생각하고, 어떻게 느끼고, 무엇을 먹고,

어디로 가는지 실시간으로 알 수 있는 도구를 처음으로 생각해 낸 그의 발상은 대단한 것임에 틀림없다.

그런 강점에도 불구하고 SP리더와 맞지 않아 힘들어하는 사람들의 말을 들어보면 다음과 같은 불만을 이야기한다.

> "업무 진행 전에 명확한 지시를 받고 싶은데,
> 우선 알아서 진행해 보라고 하시니
> 내가 이해한 대로 하는 게 맞는지 혼란스러워."

> "팀장님은 상황이 발생하면 그때그때 대응하는 스타일이시네.
> 체계적으로 정리한 매뉴얼이 있으면 좋을 텐데 늘 아쉬워."

SP의 리더십을 가진 팀원 또한 SP리더와 잘 맞을 수 있다. 뭔가 확정을 하면 부담이 되는데 느슨하게 가는 것이 좋을 수 있다. 하지만 다른 기질의 팀원들은 매번 불분명한 지시가 답답할 수 있다. 너무나 즉흥적인 움직임이 불안하기도 하고 철저한 준비성이 없어 보이기도 한다.

인간미가 있는 NF기질 리더 INFJ, ENFJ, INFP, ENFP

- 이상적이고 도덕 중시
- 사람중심, 포용력
- 통찰력 있고 영감을 줌
- 생각이 개방적이고 창의적

NF리더는 이상주의자적 성격을 갖고 있으며, 성장 지향적이기 때문에 중요한 의미가 무엇인지 심사숙고하며, 더 나은 세상을 만드는데 전념한다. 그래서 NF리더는 사람중심의 사고와 포용력을 지닌 인간미가 물씬 풍기는 리더라고 말할 수 있다. 통찰력이 있으며 조직원들에게 영감을 줄 수 있는 영향력이 있는 사람이다. 문제가 발생하면 개방적이며 창의적 사고로 해결하고자 하는 리더십을 발휘한다. 알리바바를 설립 한 '제리 양(Jerryt Yang)'이 그와 같은 리더라고 말할 수 있는데, 그 이유는 그가 말한 내용을 보면 알 수 있다.

'사람을 먼저 생각하라. 기술은 그다음이다.'

NF리더와 맞지 않아 불만이 발생할 때 다음과 같은 말들이 많이 나온다.

"팀장님은 미래를 멀리 내다보는 것을 중요하다고 말씀하시지만,
나는 눈앞에 놓인 현실적인 문제들부터
해결해야 한다는 생각이 들어."

"과업이 어떤 의미를 지니는지,
왜 중요한지에 대한 설명도 필요하지만
논리적 분석을 통한 전략이 있으면 좋겠어."

NF리더는 이상적인 가치만 추구하는 것처럼 보일 수 있다. 현실은 그렇지 않은데 현실의 문제를 회피하는 것처럼 보이는 것이다. 의미만 중요시 여기고 구체적인 접근은 하지 않는 것처럼 행

동할 수 있다. 이런 약점을 보완하기 위해 NF리더는 현실적이고 구체적인, 그리고 분석적인 접근과 시야를 키워야 한다.

유능감을 추구하는 NT기질 리더 INTP, ENTP, INTJ, ENTJ

- 비전을 품고 있으며 전략적
- 논리적, 분석적
- 합리성, 공정성 중시
- 지적이고 도전적

    NT리더는 합리주의자로 불린다. 어렵고 복잡한 문제도 논리적으로 분석을 한 후 해결하며 원리 원칙을 중요하게 생각한다. 그래서 이들은 이론적인 근거를 제시하는 전문성을 보이는 리더라고 말할 수 있다. 늘 비전을 품고 있으며, 그 비전을 제시할 줄 아는 리더다. 그래서 전략적으로 팀원들을 리드할 수 있다. 항상 혁신적인 시스템을 기반으로 단순하면서 분석적인 명료한 답을 요구하거나 제시한다. 빌 게이츠(Bill Gates), 스티브 잡스(Steve Jobs)가 대표적인 NT리더에 해당된다.
    NT리더와 맞지 않아 발생하는 불만의 내용은 다음과 같다.

> "잘못된 부분 위주로 지적하시니 피드백 시간이 부담스러워!
> 칭찬이나 수고했다는 말씀도 함께해 주면 좋을 텐데.
> 늘 긴장하게 되는 분위기야."

> "지금 시스템을 계속 유지해도 괜찮을 것 같은데
> 항상 새로운 것을 도입하려고 하시네."

NT리더의 말을 듣다 보면 거의 다 맞는 말이긴 하지만 지적이 많아 긴장을 하면서 듣게 된다. 문제가 있다면 고치고 싶어 분석을 한다. 그리고 항상 도전적인 변화를 시도하니 안정감을 느낄 겨를이 없다.

좋은 리더, 스마트한 팀빌더는 리더십을 통해 조직 구성원들 간의 관계를 강화하고 창의력을 증진시키는 것의 중요함을 누구보다 아는 사람이다. 자신을 스스로 감독하고 개방적으로 피드백을 받아들이는 사람들이 주어진 기회를 충분히 활용하여 더 빠르게 성장하고 학습할 수 있다. 자신의 유형에 대해 명확히 이해함으로써 자신이 가진 리더십의 강점과 잠재적인 능력을 자각하는 것은 팀의 리더에게 필요한 역량이기도 하다.

NT리더는 다른 유형보다 독립적인 편이다. 그래서 전통을 존중하고 현실을 중요하게 생각하는 SJ, SP리더는 NT리더의 독립성과 혁신을 부담스러워할 수 있다. 이럴 때는 그 사이를 중재할 수 있으면서 혁신을 추구할 수 있는 NF리더와 함께 협업하는 것이 도움이 될 수 있다. 그래서 기질 유형별 특성을 아는 것은 현장의 많은 리더들로 하여금 의식적, 무의식적으로 행동을 하도록 자극을 하며, 그 리더가 속한 조직이 전략적으로 성장하고 발전할 수 있도록 돕는다.

태도 지표별 리더들의 강점을 확인하면서, 그럼에도 불구하고 때로는 리더와 성향이 다른 조직 구성원들과의 심리적 거리가 생기게 되는 사례를 보면서 우리는 리더십에 대한 새로운 시선과 적응, 팀 빌딩을 위한 조직적 노력의 니즈를 알게 되었다.

좋은 리더, 좋은 팀 빌더는 자신의 성향을 강요하지 않는다. 성숙한 리더는 팀원의 성향뿐만 아니라 업무의 특성과 상황까지도 고려한 적절한 피드백을 할 수 있어야 한다. 비난하기 위함이 아닌 방향을 제시해 주는 리더로 성장하기 위해 MBTI를 활용해 보자.

조직의 고정관념을 깨기 위한 의식적인 노력

존경받는 기업인들은 리더에게 엄격한 도덕성과 끊임없이 좋은 사람이 되기를 요구한다. 회사 안에서의 지위가 올라갈수록 개인의 잘못된 행동이 조직과 구성원들에게 악영향을 줄 수 있기 때문이다.

구글의 사내 조직문화 개선 프로젝트를 보면 이 원리가 눈에 더 들어온다. 2012년부터 2016년까지 4년에 걸쳐 진행한 사내 조직문화 개선 프로젝트인 '아리스토텔레스 프로젝트' 결과를 눈여겨보자. 이 프로젝트는 "전체는 부분의 합보다 더 크다."라고 말한 그리스 철학자 아리스토텔레스로부터 그 이름을 땄다. 구글의 의도는 세계 최고 수준의 인재가 모였음에도 불구하고 어떤 팀은 왜 다른 팀보다 유독 성과가 떨어지는지에 대한 이유를 알기 위해서였다. 연구를 위해 엔지니어, 통계 전문가, 심리학자, 사회학자, 인류학자, 민속학자 등 다양한 배경을 갖춘 전문가 집단이 구성되었다. 이들로 하여금 구글 안에 있는 180여

개 팀을 샅샅이 조사하도록 했고, 조사와 분석에 4년이라는 시간이 걸렸다.

구글이 4년에 걸쳐 찾아낸 팀의 비결은 무엇이었을까? 그 비결은 매우 특별하지 않았다. 오히려 아리스토텔레스 프로젝트의 결론은 우리가 이미 알고 있는 그것이다. 아리스토텔레스 프로젝트에서 찾아낸 일 잘하는 팀의 비결을 한마디로 요약하면 '심리적 안전감이 높은 팀'이었다. 즉, 자신이 회의에서 어떤 의견을 말하더라도 팀장과 팀원들이 '이상한 의견'이라고 무시하거나, 깔보거나, 우습게 생각하지 않을 것이라는 믿음을 말한다. 아리스토텔레스 프로젝트에서 확인한 '심리적 안전감'을 갖게 하는 리더의 역량개발은 결국 MBTI 성격 유형의 강점을 개발하는 전 과정을 통해 획득할 수 있는 중요 포인트임을 확인하게 된다.

우리는 살아가며 수많은 사람들과 관계를 형성하고 그 안에서 예기치 않은 갈등관계에 놓이기도 한다. 그때 상대를 틀렸다고 비난할 것이 아니다. 오히려 다름을 받아들이는 개방적인 사고가 필요한 시점이다. 그것은 MBTI의 선호 경향의 이해를 통해 가능해진다. MBTI의 관점에서 바라보며 포용할 수 있는 리더십을 발전시켜 보자. 그럴 때 진정으로 관계의 도구인 MBTI를 통해서 '지금 당장 MBTI'가 가능해진다.

MBTI와 리더십의 상관관계

 심리유형은 한 개인이 리더십을 발휘할 때 자연스러운 스타일, 재능들 그리고 도전들에 있어서 중요한 역할을 한다. 이것은 한 개인이 전체 조직에서의 큰 역할을 할 때나 매일매일의 팀 리더와 같은 역할에서도 나타나는 사실이다. 유형에 대한 깊은 이해와 적용은 리더들과 이들에게 보고해야 하는 업무를 지닌 사람들에게 많은 도움을 줄 수 있다.

 1987년 뷰카(VUCA)[3]가 미국 육군 대학에서 최초로 제시되었다. 2차대전 후 전 세계를 지배했던 미국과 소련의 냉전이란 위험 요인이 소련의 붕괴로 사라지고, 예측이 더 어려운 새로운 위험과 도전을 지켜보면서, 이전과는 달라진 세계 환경을 설명하기 위해 만들어진 용어이다. 변동성·불확실성·복잡성·모호성으로 인해 글로벌 정치 및 경제 상황이 예측하기 더 어려워진 것을 알 수 있다.

 2001년 9월 11일, 미국을 강타한 9·11 테러 공격이 발생하자 군사적으로 뷰카의 중요성이 재조명됐다. 그 이후 2008년 글로벌 금융위기가 터지자 군사 영역을 넘어 경제 영역으로 그 개념이 확장됐다. 개별 기업이나 산업계는 이제 그들이 속한 사회적·경제적 환경에서 갑작스럽게 뷰카와 같은 상황에 직면하게 된 것이다. 기업은 이 새로운 도전 과제를 해결해야 했다.

 팬데믹 이후 뷰카(VUCA) 상황은 더욱 가속화되었다. 이런 상

---

3 volatility(변동성), uncertainty(불확실성), complexity(복잡성), ambiguity(모호성)

황에서 요구되는 리더십 역시 이전과는 차별화되어야 한다. 경영 조직론 학자인 밥 요한슨은 뷰카 환경에서 리더는 '리더의 뷰카 (VUCA)'[4]로 대응해야 한다고 주장했다.

'변동성'에 대한 대응으로 '비전'을 제시했다. 조직의 방향을 유지하고 '불확실성'을 줄이기 위해 조직 내외부의 의견을 수렴해 조직의 '이해도'를 높여야 한다. 더불어 '복잡성'에 대응하기 위해 이를 파악하고 방향성을 '명확'하게 제시해야 한다. '모호함'이 지속되는 상황에서 '신속'하게 대응해야 한다. 바람직한 리더의 형태는 주어진 상황에 따라 바뀔 수밖에 없음을 받아들여야 한다.

리더로서 비전과 이해도, 명확성과 민첩성을 모두 잘 갖추기는 현실적으로 어려울 수 있다. 그러나 4가지 특성 중 자신이 가진 장점을 잘 발휘하고 자신에게 부족한 것을 강점으로 가진 구성원들과 협업해 나간다면 리더십을 잘 발휘해 개인과 조직의 성장을 이루는데 용이할 수 있을 것이다.

리더십은 사람에 따라 매우 다양하게 발휘되고 어느 한 가지 스타일로 정의하기 어렵다. 팀원들의 다양한 성향에 따라 다르게 나타나기도 한다. 그래서 리더는 효과적인 조직 목표 달성과 협업을 이루기 위해 리더십을 개발할 필요가 있고 MBTI의 심리적 역동을 아는 것은 리더가 리더십을 상황에 맞게 발휘할 수 있는 팁을 제공하는 유용한 도구가 된다.

자기 관찰을 통한 통찰의 시간을 꼭 갖기를 추천한다.

---

4 vision(비전), understanding(이해도), clarity(명확성), agility(민첩성)

- 관찰된 효과적 행동(나도 알고, 남도 아는 것)
- 잘 드러나지 않는 모습(나는 알지만, 남들은 모르는 것)
- 깨닫지 못하는 약점(남은 알지만, 나는 모르는 것)

 이러한 자기 관찰은 자신의 행동의 주변의 사람, 이를테면 팀원들, 조직 구성원들에게 미치는 영향에 관한 통찰을 가능하게 한다. 그리고 자신의 행동을 의식적으로 이해하면서 선택하게 된다면 그 효과는 배가 될 것이다.
 리더로 성장하는 과정은 많은 시행착오와 변화를 필요로 한다. MBTI는 리더로 성장하기 위한 그런 과정에 큰 도움을 줄 것이다. 나의 성향을 객관화하고 팀원들의 성향을 선입견 없이 받아들이는 것이 조직에서 리더에게 필요한 개방적인 태도임을 기억하자. 균형을 맞추고, 타인을 이해하는 과정을 통해 자연스럽게 성장하는 나를 사랑할 줄 아는 멋진 리더로 성장하기를 바란다.

04_
MBTI와 스트레스

스트레스라는 말은 라틴어 stringere라는 말에서 유래되었다. 의학 영역에서는 20세기에 이르러 「한스 셀리에(Hans Selye)」가 정의한 바와 같이 '정신적, 육체적 균형과 안정을 깨뜨리려고 하는 자극에 대하여 자신이 있던 안정 상태를 유지하기 위해 변화에 저항하는 반응'이라고 설명하고 있다.[1] 이 내용을 다시 한 번 살펴보면, 스트레스는 자신의 안정 상태를 유지하기 위해 변화에 저항하는 반응이다. 즉, 자신의 상태를 유지하려는 그리고 한편으로는 자신의 안정감을 유지하려는 대처라고 볼 수 있다. 상담 심리 영역에서는 다음과 같이 설명하고 있다. 적응하기 어려운 상태에서 느끼는 심리적, 신체적 긴장상태이다. 즉 개인이 적응하기 어려운 어떤 상태를 만났을 때, 또는 이를 달리 설명하면 어떤 상태에 대해 자신이 적응하기 어렵다고 인식할 때 긴장을 나타내는 것과 연관되어 있다.

고무줄을 집어서 손가락 사이에 끼워 보자. 고무줄을 손가락 사이에 끼워 조금씩 늘이고 줄이기를 반복하여 보자. 탄성이라는 속성에 의해 다시 돌아간다. 하지만 스트레스는 그렇지 않다. 스트레스 상황이 지속되면 고무줄의 팽팽한 상태에서 계속 지내게 된다. 이러한 상황은 떠올리는 것만으로도 힘이 든다. 이렇게 팽팽하지 않았던 유연한 상태로 돌아가지 못하고 더 스트레스를 받게 된다면 고무줄은 끊어지게 될 것이다. 스트레스에서는 이 상황을 '탈진' 혹은 '소진'이라고 한다. 이 상태에 이르게 되면 신체적 정신적 질병에 시달릴 수 있다. 스트레스에 관한 다양한 관점들이 있지만 각자 선호하는 것에 따라 스트레스를 받는 이유와 좀 더 효과적인 해결책이 달라질 것이다. 먼저 유형별 스트

---

[1] 국가건강정보포털, 2020. 10. 30

레스를 느끼는 상황과 스트레스를 받았을 때의 행동, 그에 따른 해결책에 대해 알아보자.

유형별 스트레스 원인과 관리방법

01 - ISTJ

스트레스 원인

ISTJ는 질서가 없는 환경과 약속을 지키지 않는 상황을 힘들어한다. 현실적이지 않은 허무맹랑한 이야기에 열을 올리는 사람과 시간을 보내고 싶지 않다. 작은 일에도 예민하고 시끄러운 사람과는 함께 하고 싶지 않다. 또한 소속된 조직이 가치가 없는 것이라고 생각될 때 그 의미를 찾을 수 없다.

스트레스를 받았을 때의 행동

가벼운 스트레스를 받았을 때는 새로운 도전은 하지 않고 경험에 의한 규칙과 의무를 우선시한다. 스트레스 원인을 분석하고 자신이 생각하는 상식 안에서 받아들이려고 노력한다. 순차적으로 일의 방식을 해결하는 것을 버리고 새로운 수단에만 집착한다. 일상 자체를 어색해하며 간단한 일도 어려워하게 된다. 그래서 부정적인 태도가 자주 비친다.

스트레스가 극에 다다르면 상대를 노려본다거나 싫은 것에 대한 불만을 크게 표출한다. 공격적인 행동도 드러나며 한계에 다다르면 타인을 받아들이지 않고 제외시켜 버린다.

스트레스 대응방법

자신의 장점을 계속 확인하고 자신감과 능력에 대한 신뢰를 되찾는 것이 매우 중요하다.

추천 스트레스 해소법

조직적인 환경이 ISTJ의 스트레스 해소에 도움이 될 수 있다. 할 일 목록을 정리하며 일정에 우선순위를 정하는 것이 좋다. 함께 분석적인 활동을 나눌 수 있는 모임이나 동호회에 참여하는 것도 도움이 될 수 있다.

02 - ISFJ

스트레스 원인

ISFJ는 독선적인 생각을 강압적으로 요구하는 사람으로부터 스트레스를 받는다. 그런 오만하고 배려가 없는 사람이 자신의 생각과 감정을 비난하거나 부정하는 것만큼 힘든 것은 없다. 질서가 없는 환경과 약속을 지키지 않는 상황도 이들을 스트레스 받게 만든다.

스트레스를 받았을 때의 행동

 가벼운 스트레스를 받았을 때는 질서를 정돈하며 삶을 유지하려고 노력한다. 사랑하는 사람들과 시간을 보내며 기분을 전환한다. 하지만 스트레스를 받을수록 세부사항까지 철저하게 집착하기 시작하며 스트레스의 원인과 상황을 분석하는데 전념한다. 친구나 가족에게 도움을 청하거나 반대로 분노를 표출하지 않고 억압하기도 한다.

 스트레스가 극에 달해 자신의 상황과 고민을 상대에게 털어놓았을 때 상대방이 가볍게 여기면 마음의 상처를 입기도 한다. 이후 고민 상황이 다가올 때 도움을 요구하지 않고 우울감에 빠져있기도 한다. 그래서 타인과의 협력을 전부 거부하고 누구에게도 의지하지 않게 된다.

스트레스 대응방법

 스스로를 믿는 것이 필요하다. 사랑받는 것을 실감하는 것이 매우 중요하다.

추천 스트레스 해소법

 소중한 사람들에 대한 나의 기여도를 확인하며 소중한 사람들과 여유로운 시간을 보내는 것이 좋다. 비슷한 생각을 가진 사람들과 대화를 하는 시간을 가져보자. 일기를 쓰거나 간단하게 감정을 메모에 적는 것도 스트레스를 완화시키는 데에 도움이 된다.

03 - ESTP

스트레스 원인

ESTP는 하고 싶은 일을 못 하게 되는 상황이나 자유롭게 움직일 수 없고 행동이 제어를 당하는 기분이 들 때 스트레스를 받는다. 또한 충분한 검토도 이루어지지 않았는데 결정을 내려야 하는 상황을 힘들어한다. 요점이 없거나 추상적인 이야기에 허비되는 시간을 아까워한다.

스트레스를 받았을 때의 행동

가벼운 스트레스를 받았을 때는 자신의 능력을 해치지 않는 선에서 기분전환을 즐긴다. 때로는 자신의 판단력을 의심하고 타인에 대한 불신감을 갖게 되기도 한다. 또한 스스로 자기를 억압하는 행동을 하기도 한다. 여러 작업을 동시에 처리하려고 하며 막연한 미래에 대한 걱정을 하기 시작한다.

스트레스가 점점 극에 다다르게 되면 폭력적인 수단을 선택하기도 하고 다양한 방법으로 분노의 발산을 시도한다. 예를 들면 물건 던지기, 책상을 발로 차기, 쿠션 던지기, 큰 소리를 지르기, 울기 등을 하면서 날카로운 말로 스트레스의 원흉을 공격하기도 한다.

스트레스 대응방법

중요하지 않는 일은 던져버리고 의미 있는 일에 집중하는 것이 좋다. 새로운 발견에서 본래의 성질을 찾을 수 있으므로 열중할 수 있는 무언가를 찾는 것이 ESTP에게는 중요하다.

추천 스트레스 해소법

스트레스 초기에 주변 지인들에게 상담을 받아서 실용적인 해결책을 찾는 것이 좋다. ESTP에게 호기심이라는 것은 스트레스 극복에 도움이 되는 좋은 수단이다. 그래서 새로운 일에 도전하는 것도 매우 좋다.

04 - ESFP

스트레스 원인

ESFP는 행동이 제어를 당하거나 자유롭게 움직일 수 없는 상황이 될 때 스트레스를 받는다. 왜냐하면 자신의 실력이 과소평가되는 상황이 되기 때문이다. 또한 현실적이지 않은 허무맹랑한 이야기에 열을 올리는 사람과 시간을 보내는 것은 너무나 큰 스트레스를 준다. 배려가 없는 언어와 행동을 하는 사람이 ESFP를 힘들게 만든다.

스트레스를 받았을 때의 행동

ESFP는 스트레스를 받으면 비교적 다른 유형에 비해 초기 단계에서 해결되는 경우가 많다. 그래서 그 자리나 상황에서 문제가 벌어졌다는 것을 잊게 되는 경우가 많다. ESFP는 쇼핑이나 맛있는 것을 먹는 등 물질적 욕구를 통해 스트레스를 해소한다. 취미에 열중하며 기분을 전환하기도 한다.

스트레스가 매우 높을 때는 한 가지 일에 미친 듯이 몰두하며 억제하려는 행동을 보인다. 그리고 한숨을 쉬며 걱정하는 시간이 길어지는데 장래에 관하여 비관적인 태도를 보이기도 한다. 그래서 극단적으로 비관적인 상태가 되어 버리기도 하고 스스로를 믿지 못하고 신경질적이 되기도 한다.

스트레스 대응방법

 미래보다는 현재를 즐기는 것이 좋다. 낙관적으로 현재에 집중하고 제대로 즐겨보자.

추천 스트레스 해소법

 친구와 데이트를 하면서 함께 쇼핑을 하거나 여행을 해 보자. 현실적인 활동에서 즐거움을 찾는 것이 좋다. 운동을 좋아한다면 직접 몸으로 운동을 하는 것도 좋다. 책을 좋아한다면 책을 구입하거나 시간을 내서 읽어보자. 새로 나온 영화를 보는 것처럼 당장 할 수 있는 즐거운 일을 실행해 보자. 스스로를 사랑하고 소중히 여기는 것이 가능해질 것이다.

05 - INFJ

스트레스 원인

 INFJ는 자신의 말이 옳지 않게 해석되거나 정당성이 훼손당했을 때 스트레스를 받는다. 선의와 친절을 베풀었는데 그것이 당연한 것으로 취급되고 아무도 감사하지 않는 상황이 벌어지는 것에 대해서도 힘들어할 수 있다. 또한 행동의 선택권을 빼앗기거나 반복해서 의견이 무시될 때 스트레스를 받는다.

스트레스를 받았을 때의 행동

INFJ는 스트레스를 받으면 충동적인 선택을 할 수 있다. 그 예로는 쇼핑, 폭식, 무기력 등의 모습이다. 그런 스트레스 상황에서 자신의 모습을 스스로 부끄러워한다. 하지만 스트레스의 무한 반복 굴레를 벗어나지 못하는 경우가 많다. 도망치고 싶다는 생각의 회피와 해결하고 싶은 생각 사이에서 많은 갈등을 한다.

INFJ가 극도의 스트레스 상황에서는 평소와 다른 인격으로 보일 수 있다. 분노의 모습을 보일 수 있는데 그 분노가 스스로를 향하기도 한다. 이는 과격한 자기 파괴적 충동을 만들기도 한다. 그래서 일상이 무너질 수도 있다.

스트레스 대응 방법

무언가를 꼭 해야 한다는 강박관념에서 벗어나는 것이 중요하다. 사소하더라도 이해할 수 있는 문제에 접근해 보는 것이 좋다.

추천 스트레스 해소법

타인의 이해가 중요하지만 스트레스를 받으면 관계성이 무너지기 때문에 인간관계에 매달리는 것보다 영화나 음악 등의 작품을 접하는 것이 좋다. 또는 그것을 가능케 하는 모임이나 동호회 등에 참석하여 함께 그 의미를 해석하고 공유함으로써 위로받는 것이 좋다. 또한 타인에게 동기부여를 하는 것도 자신의 가치를 발견하는 좋은 방법이 될 수 있다. 왜냐하면 INFJ는 이해하고 이해받는 때 해소되는 타입이기 때문이다. 자신을 이해해주고 믿어주는 사람과 시간을 보내면 금상첨화다.

06 - INTJ

스트레스 원인

INTJ가 힘들어하는 사람은 크게 두 가지다. 논리는 없는데 편향적이고 자기주장이 강한 사람과 무능하고 대책 없이 불평만 하는 사람이다. 그리고 힘들어하는 상황은 사람이 많은 사교 행사에 억지로 참여해야 할 때다. 일을 할 때에는 순조롭게 진행되던 계획이 납득되지 않는 이유로 무산되었을 때 큰 스트레스를 받는다.

스트레스를 받았을 때의 행동

INTJ가 가벼운 스트레스를 받았을 때는 고독한 환경에서 지적 호기심을 채우는 것으로 자신을 충전하는 모습을 보인다. 또는 비판적인 태도를 보이는데 이는 상황을 냉정하게 분석하는 것으로 기분전환을 시도하는 것이다.

고도의 스트레스 상황에서는 이성을 잃은 것처럼 눈앞의 흥미에만 집중한다. 철저하게 자신을 괴롭히는 경향을 보이기도 한다. 그 예로는 폭식, 쇼핑, 일탈 등이 있다. 또는 세속적이고 찰나적인 쾌락을 선택할 수도 있다.

스트레스 대응방법

INTJ가 스트레스를 받았을 때는 자신과 비슷한 생각을 가진 사람과의 여유로운 시간을 갖는 것을 추천한다. 그리고 자신의 장점을 다시 떠올려 기억을 해 보자. 장래의 목표를 정하고 능력을 발휘하는 기회로 삼는 것도 좋은 방법이 된다.

추천 스트레스 해소법

INTJ는 자신이 열정을 쏟을 수 있는 취미나 지식 탐구로 관심 방향을 전환하는 것이 좋다. 특히 관심분야를 탐구하고 분석한 것을 공유할 수 있는 곳에서 활동하는 것을 적극 추천한다. 그것이 평소에는 의미 없다고 생각되더라도 상관없다. 선정을 한 다음 열중을 해 보자. 그리고 스트레스의 원인에 대처하는 방안에 대해서 생각하는 시간을 갖는 것이 필요하다.

07 - ENFP

스트레스 원인

일거수일투족 감시를 당하는 환경을 힘들어한다. 또한 평범하고 반복되는 지루한 작업이나 환경을 피하고 싶다. 자신을 향한 비난과 무시가 있다면 참을 수 없다. 자신이 낸 의견을 누구도 관심을 주지 않고 배척당하는 상황에서는 일을 할 수 없다.

스트레스를 받았을 때의 행동

가벼운 스트레스를 받았을 때는 좋아하는 사람들과 만나 즐거운 시간을 보내며 회복하거나 새로운 것에 열중하면서 기분전환을 한다. 스트레스를 받을수록 보수적인 태도를 일관하며 타인의 의견을 반대하는 부정적인 태도를 보인다. 스스로를 반복되는 일상에 가두고 경험에 의한 생각에만 의지한다. 넓은 시야를 잃고 매우 신경질적으로 변하며 사소한 것들에 집착하기 시작한다. 우연히 누군가가 심기를 건드리면 그 사람의 과거 실패

부터 흑역사까지 모든 것들을 동원하여 비난하는 행동을 보인다.

스트레스 대응방법

자신의 호기심과 적극성을 살리고 스스로 자신감을 가지고 용기를 내는 것이 필요하다.

추천 스트레스 해소법

주변 사람들의 협력이 필요하고 좋아하는 사람들과 함께 시간을 보내는 것이 좋다. 스트레스의 원인을 주변 사람들의 도움으로 함께 극복하는 것도 좋다. 새로운 것에 자극을 받으며 무언가에 열중하고 몰두하는 것이 좋다.

08 - ENTP

스트레스 원인

논리적인 사고를 할 수 없는 사람과 함께 있는 것이 힘들다. 자신의 의견이 이유 없이 비난받는 상황을 참고 있을 수 없다. 무능력한 사람과 함께 일하는 것, 더 나은 미래를 방해하는 보수적인 사람들과 함께 일하는 것이 이들에게는 큰 스트레스가 된다.

스트레스를 받았을 때의 행동

가벼운 스트레스를 받았을 때는 자신의 에너지를 발산하며 극복한다. 새로운 것에 도전하며 주변 사람들과의 소통을 통해 기분전환을 시도한다.

　스트레스 상황이 심해질수록 타인과의 접촉을 피하거나 전형적이고 소극적인 판단을 한다. 스트레스 원인에 집착하며 우울한 감각에 빠진다. 이는 세상의 모든 것이 근본적으로 잘못되어 있는 것처럼 느끼는 것이다. 작은 것에도 예민하게 반응하며 두려움이나 공포감을 느끼기도 한다.

스트레스 대응방법

　호기심과 탐구심을 찾고 관심분야나 흥미로운 것에 자극을 주는 것이 필요하다.

추천 스트레스 해소법

　같은 관심사를 가진 사람들과 토론과 수다의 시간을 갖는 것이 도움이 된다. 새로운 음악을 듣거나 새로운 스타일의 옷을 입고 외출하는 것도 좋다. 자신의 논리에 집중하며 자신감을 되찾아보자.

09 - ISTP

스트레스 원인

　ISTP는 하려는 일마다 누군가 사사건건 개입하려 한다면 큰 스트레스를 받는다. 자유롭게 움직일 수 있는 상황이 ISTP에게는 매우 중요하다. 그래서 불필요한 규칙이 많은 상황을 힘들어한다. 개인 시간을 방해하는 사람이나 사소한 일에 과민반응을 하는 상대가 있다면 너무 힘들게 된다.

스트레스를 받았을 때의 행동

ISTP가 가벼운 스트레스를 받았을 때는 합리적인 문제를 스스로 해결하려는 모습을 보인다. 하지만 상황의 원인을 알아내기 위해서 논리를 포기하고 원인에 벽을 쌓기 시작한다. 고민하는 시간이 길어지고 과도하게 예민해진다.

ISTP는 스트레스가 심해지면 감정을 표현하는 것을 싫어하게 된다. 그래서 분노를 자신 안에 밀어 넣기 시작한다. 또 가득 쌓인 불만을 속으로 억누르면서 우울함이 극에 달하며 분노를 표현하더라도 의심스럽고 이상한 태도로 일관한다. 상대방을 철저히 무시하는 행동을 보여주기도 한다.

스트레스 대응방법

오래 고민한다고 좋은 결론이 나오지 않는 것을 인식하는 것이 필요하다. 고민이 길어질수록 스트레스가 점점 심해지는 타입이라는 것을 알고 있어야 한다.

추천 스트레스 해소법

자신을 사랑하고 믿으며 자신감을 되찾는 것이 가장 중요하다. 전략적인 퍼즐이나 게임을 하는 것 또는 현재 눈앞에 있는 작업에 몰두하는 것도 좋다.

10 - INTP

스트레스 원인

근본적으로 잘못된 것을 억지로 정당화하는 상황을 힘들어한다. 말하는 도중에 끼어들거나 중단시키는 사람, 또는 인내심이 부족한 사람을 만나면 스트레스를 받는다. 감동을 부추기거나 정서적으로 조작되는 것 같은 상황도 INTP를 힘들게 한다.

스트레스를 받았을 때의 행동

가벼운 스트레스를 받았을 때는 불만의 원인을 파악하고 대처하거나 인간관계를 축소하는 모습을 드러낸다. 스트레스를 받을수록 감정적으로 자극에 반응하며 분석 능력이 마비된다. 타인에게 문제를 떠넘기며 감정적으로 해결하려는 모습을 보인다.

스트레스가 심해질수록 잔인할 정도로 심각한 분노를 표출한다. 그래서 주변 사람들과의 신뢰와 자존감에 상처를 낸다. 현 상황에 대해 과도하게 분석하며 정확한 결과를 요구한다.

스트레스 대응방법

자신의 이성과 분석력을 믿자. 논리적인 결과를 가져오는 것을 믿자.

추천 스트레스 해소법

지적 능력이 높은 소수의 사람들과 교류를 하는 것이 스트레스 해소에 도움이 된다. 게임이나 가구조립 등 생각하며 몰두할 수 있는 행동이 해소에 도움이 된다. 편안하고 여유로운 시간을 확보하는 것이 필요하다. 음악을 들으며 자신의 감정을 돌보는 것을 실행해 보자.

11 - ESTJ

스트레스 원인

  ESTJ는 불확실하고 질서가 없는 상황이 펼쳐질 때 스트레스를 받는다. 그래서 무능하고 게으른 사람, 불만이 가득하고 대책 없이 불평만 하는 사람, 작은 일에도 지나치게 민감한 반응 하는 사람을 힘들어하는데, 그 이유는 이들이 혼란을 만들게 될 가능성이 있기 때문이다. 순조롭게 진행되던 계획이 납득되지 않는 이유로 무산되었을 때도 스트레스를 크게 받는다.

스트레스를 받았을 때의 행동

  가벼운 스트레스 상황에서는 주변 상황을 잘 정돈하며 평화를 유지하려고 노력한다. 계획한 일에 전념하며 인간관계도 철저하게 자신의 방법대로 진행한다.

  스트레스가 심해질수록 감정을 억제하며 예민해지는 모습을 보인다. 필요 이상의 소외감을 느끼며 타인을 배척하기 시작한다. 이후에는 무시하며 자신의 방식만을 고집한다.

  한계를 넘은 스트레스 상황이 펼쳐지면 분노의 화살은 주변 사람들에게 향하게 된다.

스트레스 대응방법

자신의 능력에 자신감을 가지고 스트레스의 원인을 찾아 빨리 대응하는 것이 최선책이다.

추천 스트레스 해소법

주변 사람들의 협조가 필요하며 신뢰하는 사람(친구, 가족 등)과 고민을 나누고 편안한 시간을 보내는 것이 좋다. 자신의 능력을 분석하여 할 수 있는 만큼의 계획을 세워 보자. 완벽하게 계획된 휴가를 보내는 것도 좋은 방법이 될 수 있다.

12 - ENTJ

스트레스 원인

무능하고 불만이 많은 회사 동료와 함께 일하는 것은 매우 힘들다. 의견이 묵살되거나 주도권이 없는 상황을 피하고 싶다. 왜냐하면 시간 낭비일 뿐이기 때문이다. 누군가에게 주도를 당하거나 지배하에 놓인 상황이라면 스트레스만 받을 뿐이다.

스트레스를 받았을 때의 행동

가벼운 스트레스를 받았을 때는 일상에 영향을 받지 않도록 상황을 제어하며 사람들로부터 적절히 거리를 두고 대응한다. 스트레스 상황에 놓일수록 감정적인 말과 행동, 근거 없는 불안감을 보인다. 판단력이 저하되고 가벼운 만남이나 의미 없는 약속 횟수를 늘리는 상황을 만든다.

스트레스가 높아질수록 매우 감정적인 모습을 보이며 자신을 인정해 주지 않는 타인에게 분노와 짜증을 표출한다. 스트레스가 극에 달하면 폭력적으로 변하고 주변에 큰 손해를 줄 수 있다.

스트레스 대응방법

효율적인 계획을 검토하며 성실하게 미래를 응시하는 것이 좋다.

추천 스트레스 해소법

여행이나 일로서의 작업 목표를 설정하고 계획을 이행하는 것이 도움이 된다. 현실을 냉정한 눈으로 판단하면 해소에 도움이 된다. 친구나 가족 등 신뢰할 수 있는 사람과 시간을 보내는 것이 좋다. 미래의 일들을 함께 계획하고 공유할 때 스트레스 해소가 된다.

13 - ISFP

스트레스 원인

ISFP는 상대가 배려 없는 행동이나 말을 할 때 스트레스를 받는다. 만약 상대가 내가 믿고 있는 것을 부정하거나 나의 실력과 가치를 부당하게 과소평가한다면 매우 힘들어할 수 있다. 공감할 수 없는 곤란한 상황이 길어진다면 참기 힘들어진다.

스트레스를 받았을 때의 행동

ISFP는 가벼운 스트레스를 받았을 때는 혼자만의 시간을 즐기거나 여유로운 시간을 보내며 충전한다. 점점 스트레스가 커지게 되면 다툼을 피하기 위해 자신을 포기하는 행동을 보여준다. 그리고 매우 현실적이며 실용적인 선택에 집착하는 경향을 보인다. 합리성을 필요 이상으로 요구하며 자신을 엄격하게 몰아가기도 한다.

엄청난 스트레스 상황으로 다다르게 되면 바로 본인의 스트레스를 표출하기도 하지만 계속해서 참고 견디며 불만을 모은다. 이러한 행동은 일상생활에도 영향을 줄 수 있다.

스트레스 대응방법

평소에 꿈꿔왔던 목표와 미래를 구체적으로 상상하거나 당장 실천에 옮겨보지 못했던 부분을 상상의 활동으로 옮겨보자. ISFP는 이러한 시간을 보내며 스트레스의 대응할 수 있다.

추천 스트레스 해소법

현재에 초점을 맞춰 열중할 수 있는 것을 발견하자. 그리고 여유롭게 시간을 쏟아보는 것이 좋다. 자신을 사랑해 주고 인정해 주는 좋은 친구들과 함께 시간을 갖는 것도 좋다.

14 - INFP

스트레스 원인

가치관과 신념에 반대되는 것을 요구할 때 스트레스를 받는다. 부당하게 안 좋은 이미지가 씌워지는 것만큼 힘들게 하는 것은 없다. 타인에게 피해를 주는 것에 주저하지 않는 사람을 만나다면 INFP는 큰 스트레스를 받는다. 타인의 감정과 문제에 대해 고민 상담을 하는 것도 힘든 일이다.

스트레스를 받았을 때의 행동

가벼운 스트레스를 받았을 때는 혼자 원인에 대해 생각해 보거나 좋아하는 것에 열중하며 기분전환을 한다. 자신의 가치관과 신념에 따라 문제를 통제하며 지낸다. 하지만 점점 스트레스를 받을수록 자신감이 떨어지고 초조함을 느낀다. 상황에 대해 엄격해지고 모든 상황을 본인이 제어하려 한다. 감정보다 현실적인 판단을 하려 하고, 잠을 제대로 자지 못해 매우 예민해진다. 분노를 차곡차곡 쌓아두었다가 한계가 온 순간에 폭발해 버리기도 한다. 심각한 관계의 불신에 빠지며 자신에게 반격하는 모든 사람을 배척하기 시작한다.

스트레스 대응방법

자신의 감정과 마주하며 자신의 신념과 가치관을 회복해야 한다.

추천 스트레스 해소법

자신의 감정을 외면하지 말고 직면하며 시간을 보내자. 자신이 좋게 평가되거나 인정받았을 때의 상황을 떠올리는 것도 좋다. 스트레스 원인과 전혀 상관없는 것으로 시간을 보내는 것도 도움이 된다. 다양한 경험을 할 수 있는 취미를 즐겨보자.

15 - ESFJ

스트레스 원인

ESFJ는 공감을 잘 하지 못하는 사람이 있을 때 스트레스를 받는다. 계획을 세웠다면 그대로 실행을 옮겨야 하는데 그렇지 않은 사람, 즉 약속을 지키지 않는 사람 때문에 스트레스를 받는다. 정당한 이유 없이 규칙을 위반하는 사람을 불편해한다. ESFJ의 행동이나 능력에 대한 부당한 평가를 하는 사람이나 그 상황을 힘들어한다.

스트레스를 받았을 때의 행동

가벼운 스트레스 상황에서는 혼자 스트레스를 가라앉히려고 노력한다. 타인에게 피해를 주지 않으려고 자신의 행동이나 언어에 매우 신경을 쓴다. 그러면서 자신을 비판하고 몰아가는데 사소한 일로 타인을 비판하게 되기도 한다.

스트레스가 극에 달하면 엄청난 분노가 폭발하여 평소라면 절대 하지 않는 난폭한 말을 하기도 한다. 타인을 대하는 것이 어렵게 되고 주변의 도움을 거부하며 불편해한다. 타인의 개입을 일체 거부한다.

스트레스 대응방법

ESFJ는 사람과의 연결 속에서 자신을 찾을 수 있다. 고민을 명확하게 알아내고 문제를 해결하려는 방법을 모색하는 것이 좋다.

추천 스트레스 해소법

ESFJ는 사랑하는 사람들의 행복한 모습에서 자신의 욕구를 채우므로 주변 사람들의 도움도 받아들이는 것이 좋다. 주변 사람들에게 감사를 받는 것만으로도 많은 도움이 된다. 그래서 이웃을 돕는 것, 자원봉사를 하는 것이 좋다. 현실적인 방법을 고려해 목표를 세우고 계획한 대로 성취감을 얻는 것도 도움이 된다.

16 - ENFJ

스트레스 원인

ENFJ는 상대의 반복되는 거짓말로 불신감이 있는 상황이 되면 매우 스트레스를 받는다. 자신의 말이 옳지 않게 해석된 상황이 펼쳐지거나 신뢰하는 사람에게 배신당했다고 느껴질 때 스트레스는 점점 커지게 된다. 배려하지 않거나 사려 깊지 않은 무례한 사람을 싫어한다.

스트레스를 받았을 때의 행동

가벼운 스트레스를 받았을 때 타인에게 부담을 주지 않기 위해 혼자 대처한다. 그래서 가족이나 친구들과 시간을 보내며 기분을 전환한다.

스트레스가 심해질수록 자신이 무시당한다고 생각하거나 말도 안 되는 논리적인 방법으로 대응하려는 태도를 보인다. 인간관계가 축소되고 자신의 분노를 마주해 주는 상대를 원하지만 난폭한 말이 상대를 상처 줄 수 있다는 생각에 두려워하며 도움을 요구하지 못한다. 스트레스가 극에 달하면 마음의 문을 닫아버리거나 자신의 세계에 갇힌다.

스트레스 대응방법

 주위 사람들의 존재를 다시 생각해 보자. 그리고 본인을 사랑하는 것 또한 잊지 말자.

추천 스트레스 해소법

 사랑하는 사람들에게 인정받고 싶다는 것을 솔직하게 말한다. 그래서 이해를 하고 이해받음으로 스트레스를 해소하자. 소중한 사람들이 나로 인해 행복해할 때 기쁨을 느낀다. 자신의 꿈이나 목표를 생각하며 집중하는 것도 매우 도움이 된다.

 오늘 우리는 우리의 스트레스를 만났다. 스트레스는 원래 잘 알고 있다고 생각하지만 여러 가지 관점에서 이해를 하는 것이 필요하다. 그래서 다양한 유형들의 스트레스를 분석해 보았고, 대응 방식에 대해서도 알아 보았다. 하지만 아쉬운 것은 이러한 노력에도 불구하고 스트레스는 절대로 사라지지 않는다는 점이다. 평생에 걸쳐 스트레스는 늘 우리 곁에 있을 것이고 우리는 이를 잘 다루어 가는 것, 즉 '공생'의 방법을 찾는 것이 필요할 것이다. 이전과 조금 다르게 내가 발전할 수 있는 방법으로, 보다 긍정적으로, 적극적으로 대응해 간다면, 부담으로 느끼던 스트레스가 나의 친구가 되어 있을지도 모른다.

{ 2부 }
너를 위한 관계의 도구 MBTI

01_
MBTI로 상담하기

유형 간에 다양한 판단과 느낌이 있는 것처럼 상담 현장에서 벌어지는 유형 간의 이야기는 타인의 상황을 통해 내 삶도 돌아볼 수 있어 매우 유익하다. 유형만으로 따지는 것을 벗어나 상황에 따른 내용은 MBTI를 더 잘 이해하도록 만들어준다. 부부 간에 벌어지는 내용, 부모-자녀 간에 벌어지는 내용이 서로 다를 수 있다. 진로나 취업에 관련된 상담을 할 때도 그에 따른 독특한 유형별 내용이 있을 수 있다. MBTI로 상담을 한 몇 가지 사례들을 소개하려고 한다. 다양한 상황에서 벌어지는 MBTI의 내용으로 들어가 보자.

부부 상담

부부 상담을 요청받으면 그 내용이 예상이 된다. 긍정적인 관계의 부부가 상담을 요청하겠는가. 대부분의 경우 갈등이 있는 부부를 예상하고 그 이야기를 듣게 된다. 부부는 서로에 대해 알아가야 하는 시기인 신혼일 때 갈등이 많이 생긴다고 생각하는가? 꼭 그런 것만은 아니다. 오래 함께 지낸 부부도 "이 사람 진짜 속을 도저히 모르겠어요."라면서 답답해하며 상담을 요청한다. 부부간의 갈등을 MBTI로 어떻게 상담을 했는지 살펴보자.

서로 다른 MBTI 유형의 갈등 부부

결혼한 지 2년 차에 접어드는 신혼부부가 찾아왔다. 이 부부의 연애 기간은 꽤 길었다. 연애를 할 때에도 대화가 잘되지 않을 때가 있었던 두 사람은 의견이 일치하지 않을 때는 서로 다른 주장만 이야기를 했었다고 한다. 결혼을 하면 괜찮아질 줄 알았는데 오히려 갈등이 더욱 심해져 더 힘들게 된 것이다. 마지막 방법이라 생각하고 서로의 성격 유형에 대한 검사를 해보고 서로 어떤 유형인지 이해하려고 MBTI 상담을 신청한 것이다. 검사를 진행한 결과 남편은 INTP였고 아내는 ESTJ였다. 양쪽 모두 선호 분명도가 20점 이상이었다. MBTI 유형 결과에 대한 선호 분명도가 그리 낮지 않다는 것을 확인할 수 있었다. 본격적으로 상담을 진행하기 전에 결과 보고서를 먼저 볼 수 있도록 제공했다. 서로 그 결과를 보면서 이야기를 나눌 수 있도록 시간을 주었다. 아내는 배우자가 I유형이 높게 나온 것에 대해 굉장히 놀라워했었다.

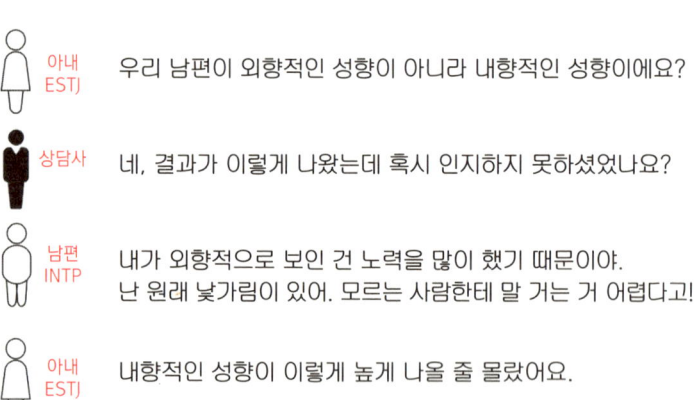

아내 ESTJ: 우리 남편이 외향적인 성향이 아니라 내향적인 성향이에요?

상담사: 네, 결과가 이렇게 나왔는데 혹시 인지하지 못하셨었나요?

남편 INTP: 내가 외향적으로 보인 건 노력을 많이 했기 때문이야.
난 원래 낯가림이 있어. 모르는 사람한테 말 거는 거 어렵다고!

아내 ESTJ: 내향적인 성향이 이렇게 높게 나올 줄 몰랐어요.

아내는 배우자를 답답하게 생각했던 것이 있었다. 식당에 가서 음식 주문을 할 때나, 마트에 가서 물건을 살 때 본인이 직접 사지 않고 항상 아내에게 시키는 것이다. 직접 요구사항을 말하면 되는데 자꾸 자신에게 시키거나, 때로는 미루어 결국 하지 않는 모습이 많았다. 이런 남편의 모습을 몇 번은 참고 넘어갔지만 계속 반복되니 나중에는 아내도 화를 내게 되어 부부 싸움이 점점 늘어났다고 했다.

남편 입장에서는 낯선 사람에게 이야기를 하는 것이 어렵고, 아내가 함께 있으니 부탁을 한 것뿐이다. 아내가 이점에 대해서 스트레스를 많이 받고, 오히려 화를 내는 모습이 이해하기 어렵다고 불만을 표현했다.

부부는 서로가 익숙한 관계라고 할 수 있다. 부부 서로의 MBTI 유형의 특징은 부부 관계에서 나타나기보다는 외부 사람들과의 관계에서 나타날 수 있다. 등잔 밑이 어두운 것처럼 부부 관계의 당사자는 서로를 이해하지 못할 수도 있다는 것이다.

INTP는 한국MBTI연구소에서 규정한 바에 의하면 '아이디어뱅크형'으로 칭한다. 이 유형의 특징은 내향적 사고형을 가지고 있기 때문에 평소에는 조용하고 과묵한 모습을 많이 보여준다. 내향적인 성향이 강한 사람일수록 다수와의 소통보다는 친밀감을 형성한 소수와의 소통을 선호한다. 그래서 부부끼리 있을 때 대화가 많더라도 외부 활동에서는 말수가 적을 수 있다. 또한 자신이 관심 있는 분야에 대해서는 적극적으로 참여하는 모습을 보이지만 그렇지 않은 것에 대해서는 뒤로 한발 물러서는 모습을 보여준다. 그것이 편하기 때문이다. 남편은 INTP 유형이면서 선호 분명도 점수도 대체적으로 20점을 넘었다. INTP 유형 특징이 꽤 많이 나타난다고 볼 수 있다.

반면, ESTJ 유형을 가진 아내는 한국MBTI연구소에서 규정한 '사업자형'으로 불리는 유형이다. 에너지 방향의 선호가 외향적이기 때문에 다수의 사람들과 소통하는 것에 대해 큰 불편함이 없다. 자신이 하고자 하는 것이 있다면 그것을 이루기 위해 행동으로 움직인다. 먼저 말을 거는 것도 어렵지 않고, 누군가를 이끄는 것에 대해서도 두려움이 없는 편이다. 그래서 평소 부부가 어디를 가거나 무엇을 할 때 선택과 결정을 내리는 순간에서는 아내가 빠르게 판단하고 결정을 내리는 경우가 많았을 것이다. 만약 아내가 남편의 유형 특징에 대한 명확한 정보가 없다면, 아내가 느끼는 남편은 뭔가를 하고자 하는 의지가 없고, 책임감이 없이 미루는 사람이라고 생각할 수 있다.

남편과 아내는 서로 부부인데 결정을 할 때 서로 생각을 하고 있으니 소통이 제대로 이루어지지 않고 있다고 점점 느끼게 될 것이다. 그러면서 상대에 대해서 왜곡된 생각을 하게 되고 갈등은 점점 커지게 된다. 이런 점에 대한 내용이 보고서에 나왔고 부부는 그 내용을 통해서 서로에 대해 처음으로 이해를 하게 되었다. 그동안 이해가 되지 않았거나 서운했던 일들에 대해서도 서로 이야기를 나누게 되었다. 대화를 하다 보니 "이런 부분은 너무 잘 맞아요!"라는 긍정적인 사례도 있다는 것을 알게 되었다. 여행에 대한 준비에 대해서도 서로의 이야기를 했다. 여행을 갈 때 아내는 꼼꼼하게 계획을 세워야 한다고 생각했다. 반면에 남편은 간단히 큰 틀만 세워 놓고 여행을 하면서 그 상황에 맞춰 움직이기를 원했다. 이런 차이 때문에 여행을 할 때마다 갈등을 겪게 되었다고 한다. 이런 서로의 여행 가치관을 바꾸게 된

계기는 신혼여행이었다. 신혼여행을 통해서 남편은 계획을 꼼꼼하게 세우는 것이 큰 장점이 있다는 것을 알게 되었고 아내는 현장 상황의 유연함이 필요하다는 것을 인지하게 되었다. 그래서 이후부터는 어느 정도 양쪽의 장점을 절충해 여행을 다니게 되었다고 한다. 준비물을 빠뜨리는 일도 없어지게 되었고 시간도 효율적으로 잘 사용하게 된 것이다.

보고서의 내용을 통해서 부부는 서로가 가지고 있었던 생각들을 다 꺼내 공유하게 되었다. MBTI 검사를 통해서 서로를 처음으로 제대로 이해하는 시간을 갖게 된 것이다. 부부 사이에 대해서 꼭 해주고 싶은 말이 있다.

> "부부이기 때문에 참고 살아야 하는 것이 아니다.
> 부부는 서로 다른 유형의 특징을 가진 사람들이
> 함께 살아가는 것이다.
> 다름에 대해서 이해하고 그에 맞게 소통하면서
> 서로에게 맞춰가는 것이 중요하다."

같은 MBTI 유형의 갈등 부부

앞에서 소개를 한 사례 INTP와 ESTJ의 관계처럼 서로 다른 성향으로 인해 관계에서 좋은 점과 나쁜 점이 각각 있을 수 있다. 그렇다면 서로가 비슷한 성향이라면 문제가 없을까? 그렇지 않다. 같기 때문에 오히려 갈등이 나타날 수도 있다는 것을 기억하자. 이번에 소개를 하려고 하는 사례는 부부 두 사람 모두 강한 성격의 소유자의 이야기이다. MBTI의 16가지 성격 유형에서도 개인에 대한 목표뿐만 아니라, 소속된 곳에서도 공동의 목표를 이루기 위해 추진력을 가지고 지휘하는 '지도자' 유형이라고 불리는 유형은 ENTJ이다. 두 사람의 선호 분명도에서는 남편이 아내보다 조금 더 높았는데 기본적으로 ENTJ 성향은 한국 MBTI연구소의 보고서에 따르면 남성이나 여성 모두 '내 배우자라면~'이라는 생각을 가지고 상대방에 대해 많은 것을 기대하는 유형이라고 한다.

가정에서 부부로서 가지고 있는 역할에 대해 충실하면서 개인의 성장을 위한 다양한 활동들도 중요하게 생각하는데 이 부부의 문제와 갈등은 가정생활에 대한 주도권이 가장 큰 문제였다. 서로가 자신이 가지고 있는 가치관이 맞는다고 생각하니, 부부가 어떠한 결정을 내리거나 가정생활에 있어서 대화가 아니라 "네가 틀리다, 내가 맞다"의 옳고 그름을 논하는 날선 싸움으로 확대되기 일쑤였다.

한 번은 정말 별거 아닌 일로 아주 크게 싸운 적이 있었다고 한다. 어떤 일인지 물어봤는데, 서재의 형광등이 깜빡거려서 교체하려고 하는데 눈을 보호하는 조명의 밝기가 어떤 것인지 알아보다가 서로가 원하는 조명이 달랐는데 굽히지 않고 결국은 누가 더 정확한 근거를 기반으로 이야기하는지 대화를 하게 되었고 최종적으로 결정도 못 하고 싸우기만 한 것이다.

전형적으로 ENTJ 성향인 두 사람이 충돌하게 되는 모습이다. ENTJ 성향의 남성은 자신이 가지고 있는 가치관과 살아온 경험에 대해 스스로 정확하고 합리적이라고 생각한다. ENTJ 성향의 여성은 자신이 강한 성격과 의지를 가지고 있고 상식에 대해 틀림이 없다고 생각한다. ENTJ 성향을 가진 두 사람의 대화를 보면 서로의 생각을 교류하는 모습이라기보다는 "나는 맞고 너는 틀려."라는 모습처럼 보인다. 상대가 맞는다면 내가 틀린 것이 되니 두 사람의 대화는 싸움으로 확대될 수밖에 없다.

ENTJ 성향을 가진 부부는 MBTI 검사 기반 상담을 통해 두 가지를 약속하기로 하고 상담을 출발했다. 첫째는 대화를 할 때 상대방을 지적하고 가르치듯이 하는 말이 아닌, 열린 마음으로 상대방의 이야기를 경청해야 한다. 둘째는 내가 정확한 정보나 가치관을 가지고 행동하려는 것처럼 상대방도 똑같다는 것을 인정해야 한다. 물론 각자의 MBTI 유형 보고서를 보기 전에는 쉽게 인정하지 않았다. 하지만 서로가 똑같은 유형임을 확인하게 되었고 ENTJ 유형의 특징들을 자세히 보게 된 것이다. 남편은 그것을 보고 아내에 대해서 "어쩐지 같은 종족인 느낌이 났어요."라고 말해 모두가 공감의 미소를 짓게 되었다. 이것은 ENTJ 부부만의 이야기가 아니다. 같은 유형의 성향을 가진 사람들이 부부 상담을 의뢰할 때는 서로의 유형 다름에 대해 이해하지 못하는 충돌보다는 '저 사람은 왜 저런 식으로 이야기를 할까?'의 원인이 더 많다.

내가 상대방의 모습처럼 비치는 것에 대해서는 인지하지 못하고, 그 사람이 왜 저렇게 언행을 하는지에 대해서 불편한 것이다. 하지만 같은 유형의 성향인 부부들에게 "당신의 모습이 지금 상대방의 모습과 같아요."라고 알려준다면 어떻게 소통해야 하는지에 대해 화법이 달라질 수 있다.

ENTJ 부부도 서로가 이기려고 하고 주도권을 가지기 위한 싸움의 자세로 대화를 시작하는 것이 문제임을 상담을 통해 느꼈다. 한 번에 바꾸기는 쉽지 않겠지만 각자가 가지고 있는 경험과 가치관에 대해 인정하면서 상황에 따른 소통과 선택을 결정하겠다고 다짐하고 상담을 마무리했다.

'부부 싸움은 칼로 물 베기'라는 속담이 있다. 아니 옛 속담이라고 말하고 싶다. 왜냐하면 더 이상 물 베기가 아니기 때문이다. 부부는 계속 싸우더라도 갈라지지 않고 싸움을 평생 동안 하더라도 의미가 없다는 것인데, 현대에서는 개인의 성향이 중요하다 보니 부부 싸움은 '칼로 물 베기'가 아니라 '확실한 베기'가 될 수 있다. 부부는 평생을 함께 살아가야 하는 관계이며 자녀들의 행복도 책임을 져야 하는 존재다. 그렇기 때문에 MBTI 유형 검사를 통해 '개인의 선호 분명도'를 알려 주어야 한다. 어른들은 부부 싸움에 대해서 자연스럽게 시간이 해결을 해 준다고 말을 하기도 하지만, 그건 시간으로 해결되는 것이 아니라는 것을 알아야 한다. 서로에 대해 잘 알아 갈 수 있는 기회를 갖고 현명하게 해결할 수 있어야 한다.

부모-자녀 상담

부모-자녀 간의 상담 의뢰가 오는 경우가 있다. 보통 MBTI

교육이나 특강을 수강하고 나서 별도로 연락을 하거나 현장에서 바로 상담 요청을 하는 경우가 많다. 처음에는 개인에 대한 탐구 목적으로 수강을 하다가, 듣다 보니 집에 있는 아이들이 생각이 나는 것이다. '우리 아이는 어떤 유형일까?'에 대한 막연한 궁금증부터 '아이와 이런 부분 때문에 내가 혹시 안 맞는 건가?'라는 구체적인 상황들이 생각나게 되는 것이다.

상담을 할 때 사춘기를 고려해서 상담을 진행하는데 그중 기억에 남는 두 건의 사례를 소개하고자 한다.

속마음을 이야기하지 않는 딸과 하나부터 열까지 공유하고 싶은 엄마

MBTI 특강이 끝났을 때 한 어머니께서 혹시 딸과 함께 상담을 받을 수 있냐고 요청을 했다. 어떤 점 때문에 교육을 듣고 가족 상담을 의뢰하고자 마음먹었는지 여쭤어보았다. 중학생 딸이 있는데 사춘기인 것 같기도 한데 언제부턴가 속마음에 대해 이야기를 잘 하지 않는다는 것이다.

어머니의 유형은 ESFP로 사교적인 유형이다. 유형 특성상 친밀한 관계를 중요시하고 감정을 사용해 소통하고 공유하는 것을 중요하게 생각하기 때문에 자녀가 속마음을 이야기하지 않는 것에 대해 부정적으로 판단할 가능성이 크다. 하지만 어머니의 입장에서는 딸이 어느 시점부터 속마음을 이야기하지 않는다고 판단을 했다. 학교에서 일어난 일에 대해서도 어느 하나 공유하는 것을 꺼리다 보니 혹시나 아이에게 문제가 있지는 않을까 고민이 된 것이다. 딸도 유형검사를 해 보니 ISTJ 유형으로 나왔고 선호 분명도가 선호지표에 따라 차이는 있지만 15~30점 사이로 분명~매우 분명의 수치[1]를 보여주었다. 검사 결과로 볼 때 어머니께서 딸에 대해 설명을 해 주었던 소통의 부족은 실제로 문제가 되어 보이지는 않았다. 딸의 반응도 들을 수 있었다. "저는 엄마가 이런 유형이 나올 거라 예상하고 있었어요." 나는 딸에게 어머니가 ESFP일 거라고 예상한 이유에 대해서 물었다. 딸의 입장에서 어머니는 사소한 부분까지 공유하길 원하고, 특히 감정적으로 공감하지 못했을 때 몹시 서운해하는 모습을 많이 보였다고 한다. ISTJ 성향을 선호하는 딸의 입장에서 감정적인 것보다 이성적으로 판단하는 것이 더 익숙하다. 딸은 SF성향을 가지고 있는 어머니의 공감에 한계를 느끼는 순간들이 있었을 것이다. 딸의 입장에서는 나름 어머니의 감정에 대해 공감을 한 것이지만 어머니 입장에서는 딸이 언제부터인가 대화를 줄이고 문을 닫았다고 단정을 짓게 된 것이다. 오해하게 되었고 서로에 대해서 왜곡하는 상황이 발생했다. 딸은 충분히 공감을 표현했지만 어머니 입장에서는 딸이 관심이 없고 반응하지 않았던 것이 모두 오해였던 것이다.

청소년 시기라고 하더라도 주로 선호하는 성향의 모습이 나타난다. 어머니는 그런 자녀의 유형 특징을 이해하지 못하고 아이에게 문제가 있다고 판단을 한 것이다. '우리 아이에게 혹시 문제가 있나?', '왜 말수가 줄어들었지?', '대화에 벽이 느껴지지?'와 같이 부정적으로 판단을 한 것이다. ESFP 성향의 엄마는 자신이 평소 감정적이라는 점을 알고 있어야 하며, 반대로 이

---

[1] 29페이지 선호분명도 참조

성적으로 생각하고 표현하는 것 또한 필요하다. ISTJ 성향을 선호하는 딸의 입장에서는 감정적으로 이야기하는 것은 현실적인 부분을 해소하는 데 한계가 있기 때문에 굳이 그런 감정에 대해 지속적으로 이야기를 하고 공유하는 것이 때로는 시간 낭비라고 느낄 수 있다. 그래서 감정적으로 표현하는 것을 그리 선호하지 않지만 누군가 요청할 수 있는 방법이라는 것을 알아야 한다.

ESFP와 ISTJ는 성격이 다른 것뿐이지 누가 맞고 누가 틀린 것이 아니다. 아무리 가족이라고 하더라도 서로 선호하는 성향이 다를 수 있기 때문에 무조건 자신의 생각과 판단이 맞는다는 입장을 고수하기보다는 '어머니는 왜 그럴까?', '우리 아이는 어떤 대화나 환경을 선호하지?'라는 것을 생각하면서 존중하는 태도가 필요하다. 그래서 외향적이면서 감정적인 공유가 중요한 어머니와 내향적이면서 이성적인 사고가 중요한 딸이라는 것을 서로가 인지하는 것이 필요하다는 것을 알려주었고, 서로 조금씩 양보를 하는 소통의 연습을 미션으로 주었다.

어머니는 무리하게 딸에게 외부 활동에서 일어난 일들을 하나하나 다 물어본다거나, 개인이 느낀 감정에 대해 공감을 강요하는 듯한 모습을 줄이기로 약속했고, 딸은 외부 사람들과의 소통에서는 여러 효율적인 소통법을 사용할 수 있지만 어머니와의 대화에서는 어머니의 특성을 수용해서 날짜와 시간을 정해 어머니에게 먼저 대화를 시작하는 연습을 하기로 정했다.

ESFP와 ISTJ의 특성에 대해서 좀 더 비교 설명을 하고자 한다. ESFP은 '우리'라고 하는 울타리에서 함께 소통하면서 의존하고 공유하는 것을 선호한다. 반면에 ISTJ은 '세상의 소금형'이다. 개인이 해야 할 일과 계획에 대해 미리 정해 놓고 묵묵하게 앞으로 나아가는 스타일이다. 확실히 서로 다른 유형이다. 이제라도 이해를 하게 되니 오해는 바로 해소를 할 수 있다.

어머니와 딸은 MBTI 유형 보고서를 보면서 처음에는 어색해했다. 하지만 나중에는 유형 특징들을 자세히 살펴보면서 이전에 서로 싸웠던 상황들을 끄집어내어 스스로 오해를 해결하기 시작했다. 유형에 대한 이해가 집안의 갈등을 해결하게 된 것이다.

외향적인 아들과 내향적인 아버지 사례

이번 사례에서 아들은 E성향, 아버지는 I성향이 매우 강하다. 아버지와 아들이 서로 너무 답답해 상담을 요청한 것이다.

검사 결과 아들의 유형은 ESTP로 '수완 좋은 활동가형'이다. 사람들과 함께 어울리고 다양한 활동을 하는 것을 선호한다. 아들이 아버지에 대해 말하기를 "아버지는 다른 건 모르겠고 굉장히 내향적일 거예요."라고 했다. 왜 그렇게 생각하냐고 물어보니 아버지는 아들이 다양한 사람들을 만나면서 활동하는 것에 대해 이해하지 못한다는 이유를 말했다. 어느 날 아버지는 다음과 같이 말을 했고 아들은 약간의 충격을 받았다고 한다. "왜 너는 항상 그렇게 많은 사람들을 불필요하게 만나고 다니냐?" 이 말을 할 때도 혼내는 듯이 언성을 높였다고 한다. 이런 말은 아들이 어릴 때부터 계속 이어졌다고 했다. 아들은 외부 활동을 하거나 다수의 사람들과 만남이 있은 후에는 아버지의 못마땅한 표현을 들어야 했다. 이러한 갈등이 계속 반복되니 더 이상은 참지 못해 그 이유를 알고자 합의를 했고 도움을 요청하게 된 것이다. 서로 유형의 차이를 알고자 했기에 검사를 하는 데에는 어려움이 없었다. 다른 경우는 한쪽이 검사를 하는 것을 원하지 않기 때문에 상담이 수월하게 되지 않을 때도 있다. 요즘은 보통 사람들이 MBTI를 어느 정도는 인지하고 있기 때문에 이전보다 검사를 하기 수월해진 것 같다.

아버지와 아들은 검사 결과를 보고 혼란을 느꼈다. 서로 선호하는 지표의 차이 때문에 그동안 갈등이 있다고 생각했는데 에너지의 방향을 빼면 4가지 선호지표에서 3가지가 서로 같게 나왔다. 다만 에너지의 방향과 크기가 다른데 그 분포가 둘 다 높은 편이다 보니 같은 유형이라고 생각하지 못했던 것이다. 이처럼 성격의 차이가 아닌 경우도 많다. 다만 자신을 이해해 주지 않는 태도에 화가 나 갈등이 발생한 것인데 오해를 한 것이다. 무조건 성향의 차이만으로 갈등의 원인을 찾아서는 안 된다. 이번 사례의 경우는 오히려 원인이 다른 곳에 있었다는 것을 알 수 있는 상담이었다.

이 사례의 부자 관계에서 아들은 아버지에게 "아버지가 너무 내향적이라서 나를 이해하지 못하는 거예요."라고 말을 할 가능성이 높다. 다른 방법을 소개하자면 아들은 아버지의 마음에 대해 물어보고 이해하고자 하는 대화로 변경을 해야 한다. "제가 외부 활동을 하는 것에 대해 무엇을 걱정하셨던 건가요?"라는 말로 대화를 이어가면 더 나은 소통의 결과를 만들 수 있을 것이다.

진로 · 취업 상담

'내가 원하는 직업과 나의 MBTI 유형이 맞지 않으면 어쩌지?'라는 고민을 하는 사람들이 적지 않다. 오해를 하는 경우가 많은데 MBTI는 누가 어떠한 일을 잘할지 명확하게 규정하지 않는다. 개인의 탐구를 도울 뿐이다. 이렇게 말을 해도 많은 사람들이 MBTI 유형과 직업을 연결한다. 오히려 연결이 확실히 되는 것처럼 말해주는 것을 더 선호한다. 그러니 우후죽순으로 그런 자료들이 인터넷에 넘쳐나며 그런 홍보자료들이 근거가 있는 자료처럼 앞세워 SNS에 돌아다닌다. 다음의 문구 정도는 이제 애교 수준으로 볼 수 있다.

"나는 내향적인 성향이기 때문에
불특정 다수를 만나는 일을 한다면
굉장히 힘들게 될 거야!"

이런 잘못된 생각을 진로나 취업에 반영을 한다. 다시 말하지만 특정 유형이 조금 더 편안함을 느끼는 상황은 있을 수 있다. 하지만 그것을 하지 못하게 하는 것은 아니다. 절대로 하지 못할 일이란 것은 없다. 부정적인 결론을 내리는 것에 MBTI를 사용하지 말자. 시작도 하기 전에 '나는 이 길로 갈 수 없을 거야.'처럼 스스로 활동 범위를 줄이는 미련한 짓은 하지 않아야 할 것이다.

어느 고등학교에서 MBTI 검사를 할 때 한 학생이 "아! 내가 왜 이렇게 나왔지? 내가 하고 싶은 진로랑 전혀 상관이 없는데!"라고 말을 하는 것이다. MBTI 성격 유형의 특징만 보고 판단하는 듯한 소리가 들려서 이야기를 나눠보니 상황은 이러했다.

그 학생은 INFJ가 나왔는데 선호 분명도 지수가 높지는 않았다. 그동안 자신을 외향적인 사람이라고 생각했는데 내향적인 I가 나온 것이다. 당연히 그 결과를 이해하지 못하는 반응이었다. 그런데 다른 친구들이 다음과 같이 평가를 해 주었다. "너 주말에 나오라고 하면 진짜 잘 안 나오잖아. 난 그 모습보고 널 완전 I형이라고 생각했는데!" 더 자세히 알기 위해서 질문을 던져 보았다. 주말에 주로 어떻게 쉬냐고 물어보니 그림을 그리거나 뭔가를 만든다고 했다. 혹시 친구들과 같이 하냐고 물었더니 굳이 같이 할 필요가 없어서 혼자 한다고 했다.

진로나 취업 상담을 할 때 이와 유사한 모습이 종종 있다. 자신에게 나타나는 선호지표에 대해 전체의 모습을 맞춰서 INFJ라는 유형이 나오면 자신의 모든 것을 INFJ에 맞춘다. '나는 이런 사람이 아닌데 왜 이렇게 나왔지?' 라는 왜곡된 형태로 받아들일 수 있는 것이다. 이번에 검사를 진행한 학생은 INFJ로 선호 분명도 지수가 낮은 편이었지만, MBTI 16가지의 유형들이 모두 각자 유형 특징이 있기 때문에 부정적으로 생각하지 않았으면 했다. 그래서 그 학생에게 INFJ가 통찰력도 좋고 여러 영감을 통해 새로운 가능성을 발견하는 모습이 있다고 알려주었다. 배움을 위한 진로 설정이나 새로운 방향으로 경험하는 데 도움이 되는 내용이 있는데 도대체 어떤 진로랑 상관없는지, 왜 불편했는지를 조심스럽게 물어보았다. 이 학생의 답변은 다음과 같았다. "I유형은 느리고 사람들이 답답하게 보는 것 같아요. 저는 활동적인 마케팅이나 경영 쪽으로 진로를 원하는데 시작부터 불리하잖아요."

이러한 오해를 하지 않도록 MBTI의 결과를 모든 면에 적용하지 말라고 당부를 했다. 취미나 사색하는 개인의 활동 범위에서 어떠한 부분들 때문에 이런 유형으로 나왔는지 생각을 해보라고 조언을 해주었다. 그리고 희망하는 진로가 마케팅 관련 업무라고 했는데, 관련 직종에 있는 사람들이 모두 E성향이 아니라는 점, 그리고 일을 시작할 때 E성향이 조금은 유리하거나 익숙하다고 생각할 수는 있지만 그런 면은 사회활동을 통해 충분히 발달시킬 수 있다고 알려주었다.

진로나 취업에 대한 상담을 진행할 때 가장 중요한 부분 중 하나가 선입견이 생기지 않도록 하는 것이다. 그렇기 때문에 I유형이라는 결과가 나왔을 때 "이게 아닌데?"라고 하는 것은 올바른 반응이 아니다. MBTI 검사는 개인을 이분법적으로 구분해서 다른 선호지표를 내가 가질 수 없는 성향이라고 생각해서는 안 된다.

평균 수명이 길어지고 은퇴도 빨라져 제2의 인생을 준비하는 사람들이 많아졌다. 당연히 어떻게 하면 위험부담을 줄이고 새로운 도전을 할 수 있을지 고민이 커졌다. 현재 50~70대의 사람들은 요즘 청년들에 비해 자신의 진로에 대해서 고민을 하거나 성격과 행동유형에 대해서 검사를 해 본 경험이 적은 편이다. 그래서 MBTI 검사를 하게 되기도 하는데 이때 유형에 따라 임하는 태도가 굉장히 다르다는 것을 확인할 수 있다. 10명 중 ISTJ

가 5명, ESTJ가 2명, INFP·ENTJ·ESFP가 1명으로 나왔다. 5명의 ISTJ는 모두 선호 분명도가 높게 나왔다. ISTJ가 교육에 참여해 공통적으로 보여주는 모습은 새로운 변화에 대해서 굉장히 오래 생각한다는 점이다. ISTJ는 회사에서 일을 할 때 정해진 업무를 굉장히 뚝심 있게 하기 때문에 '세상의 소금형'이라고 부르기도 한다. 그런데 울타리와도 같았던 직장을 마무리하는 시기가 오면 ISTJ 성향의 선호 분명도가 높은 사람들일수록 새로운 시작을 하기가 망설여지게 된다. 매사에 신중한 모습이 절정으로 나타나는 시간들이 이어질 수도 있다. 여러 생각들이 많다 보니, '가능할까?', '해도 될까?'라는 꼬리를 무는 질문들로 계속 시간을 보내고 있다가 답답함을 해결하지 못해 교육이라도 듣고 자신에 대해서 이해해야겠다는 생각에 교육이 온 것이다.

ISTJ 유형들이 집단 상담에서 같은 고민을 가지고 취업에 대한 이야기를 나누면 시간이 가는 줄 모르고 계속 대화를 이어나간다. 왜냐하면 '나만 고민했던 생각인가?'라는 걱정이 자연스럽게 같은 사람들을 만나면서 해소되기 때문이다. 그래서 ISTJ 유형의 내담자들이 처음에는 약간의 걱정과 함께 '이 검사를 통해서 나에 대해 아는 것이 의미가 있을까?'에 대해서 고민을 하다가 막상 시작하게 되고 마지막에는 굉장히 만족감을 느끼고 스스로에 대해 알게 되었다면서 밝은 미소로 나가는 경우가 많다.

반면, 외향적인 E성향의 ESTJ는 정확하게 본인이 어떤 것을 하려고 하는지에 대한 기본적인 계획을 가지고 오는 경우가 많다. 이들이 취업 상담이나 교육에 임할 때는 '내가 알고 있는 생각이 맞는지 한 번 더 확인해 보자.' 혹은 '새로운 일들을 시작할 건데 이 부분을 알고 적용해 보자.'라는 계획을 가지고 참여하는 경우가 많다. 알고 싶은 것이 확실하고 궁금한 점에 대해 자세히 물어보고 해답을 얻길 원한다. 그래서 ESTJ 성향은 취업 상담을 할 때도 본인이 알고 싶은 내용에 대해 모두 알았다면, 그 뒤에는 따로 이야기를 더 하지 않기도 한다.

어느 취업 상담을 할 때의 일이다. 쉬는 시간이나 수업 중간에 1:1로 대화를 가장 많이 대화를 한 유형은 INFP였다. 예전에 검사를 했을 때는 INFJ 결과가 나왔었는데, 이번에는 INFP가 나왔다는 것이다. 한 사람은 INFP의 선호 분명도 지수가 높은 건 아니지만, J에서 P로 바뀐 부분에 대해서 함께 그 이후에 경험했던 환경들에 대해 이야기를 나눠보았다. 그동안 일을 했던 업무 환경이 계획적으로 돌아가지 않았고, 시간이나 업무 지시가 자주 바뀌었다는 것이다. 그래서 매번 스트레스를 많이 받았었다고 한다. 계획이 자주 바뀌거나 생각한 대로 되지 않는 것에 대해 너무 스트레스 받는 자신의 모습에 대해서 다른 사람들은 다음과 같이 조언을 했다. "회사 일이라는 게 유동적일 수 있는데, 그런 부분에 대해 일일이 스트레스 받으면 어떻게 일하냐!" 물론 맞는 말이긴 하지만 결국은 퇴사를 결정하게 되었다고 했다. MBTI 검사 결과 계획적인 생활양식을 선호하는 J가 아니고 유동적으로 수용하는 P가 나와서 당황스럽기도 하고, 그때의 일들로 인해 영향을 받은 것인가에 대해서 고민을 하게 되었다고 했다. 앞으로 사업을 할 생각은 없고, 재취업을 해야 하는데 스스로에게 맞는 업무 환경이 하루 일과가 정해져 있고 계획적으로 움직여야 하는 곳으로 선택을 해야 하는지, 아니면 이렇게 나온 결과에 따라서 유동적인 환경도 가능한 직종으로 가야 하는지 고민스럽다는 것이다. INFP라고 나온 결과를 보고 고민하고 있는 학습자에게 'P 선호지표 특징 하나만 보지 말고 유형 전체의 특징들을 보면서 내가 선호하는 직종이나 환경에 대해 고민해 보시는 것이 좋다'라고 조언을 했다.

사회에서 우리가 접하는 환경들은 굉장히 다양한 변수들이 있고, MBTI 유형별 특징에 따라 그 변수들을 맞이했을 때 행동들이 다양하게 나타난다. 다만, 선호지표 하나만 놓고 본다면 내가 어떠한 가치관을 가지고 그러한 생활양식을 보이는지에 대해 성립이 되지 않을 수 있다. SF와 NF는 현실주의와 이상주의에서 조금은 차이가 생길 수 있지만 생활양식 부분에서 같은 P성향을 선호하는 공통점으로 좋아하는 업무 환경과 싫어하는 업무 환경에 대해 비슷한 점이 많을 수 있다. 이러한 부분에서도 '나만 이상한 것이 아니구나'라고 자신에 대해 돌아보고 자존감을 얻게 되기도 한다.

MBTI 검사를 통해서 진로와 취업에 대해 상담을 할 때는 결과가 무조건 그 사람의 정답이라고 생각해서는 안 된다. 어디까지나 개인에 대해 탐구할 수 있는 성격 유형 결과 중 참고할 하나라고 생각하자. 엉터리 적용으로 잘못된 진로 상담을 해서는 안 된다.

상담과 선호성향

선호지표와 함께 중요한 내담자의 환경

　무조건 선호지표의 기준만을 놓고 사람들을 평가하거나 구분할 수는 없지만, 다양한 연령대를 대상으로 상담을 진행했을 때 비슷한 선호지표의 사람들이 가지는 고민이 많다는 것을 알 수 있다. 하지만 어떤 환경 속에 있느냐에 따라 같은 선호지표의 조합이라고 하더라도 가지고 있는 고민이나 원하는 방향이 다르게 나타나서 '저 사람은 MBTI 검사 결과가 이렇게 나왔으니까 이런 걸 신경 쓰겠지?', '이 사람은 이런 부분에 대해서 좋아하거나 싫어하겠지?' 라는 선입견을 가지고 접근하는 것은 적절하지 못하다. 실제로 개인이 처한 환경에 따라 그 유형의 특징을 그대로 표현하지 못하고 있다가 상담을 통해 본인이 답답했던 이유에 대해 깨닫는 경우들도 꽤 많았다.

　대인관계에서 자신의 성향이 어떻게 나타나는지 살펴보고자 한다. 사람들을 만날 때 어떤 기준으로 만나는지, 만났을 때는 어느 정도의 주도성을 보여주는지 소통을 해 보았다. 검사 결과에 의심을 품었던 내담자가 예전에는 모임을 주도하고 여러 사람들을 만나는 것을 선호했는데 결혼을 한 이후부터는 전혀 그러지 않게 되었다고 했다. 결혼을 한 후 살던 곳을 벗어난 것도 이유가 될 것이다. 익숙하지 않은 곳에서 살게 되었으니 충분히 스타일의 변화를 가져오게 된다. 또한 시부모님과 함께 거주하게 된 점도 큰 몫을 했을 것이다. 이전처럼 자유롭게 행동할 수는 없었을 것이다. 이런 변화가 있었지만 본인 스스로는 잘 극복하고 있다고 생각을 했다. 그런데 이번에 나온 검사 결과를 가지고 곰곰이 생각을 하게 되었다. 언제부턴가 모임에 참여하라고 요청을 해도 잘 안 가게 되었고, 소통을 할 때도 이전보다 소극적으로 하게 되었다는 것을 알게 된 것이다. 자연스럽게 내향적인 성향으로 바뀌었다는 것을 인식하게 된 것이다.

우리는 주변 환경이 나에게 어떠한 영향을 주고 있고, 그로 인해 내가 어떻게 바뀌고 있는지 생각할 시간을 갖지 못한다. 그러면서 세월이 참 빨리 지나간다고만 생각한다. 자신의 MBTI 선호지표가 환경 속에서 어떻게 적응하였는지에 대해 고민할 시간이 필요하다. 그것이 긍정적으로 작용했다면 다행이지만, 부정적인 경우에는 스스로가 선호하는 성향이 있음에도 불구하고 환경 때문에 참아야 하는 현실에 마음속 깊게 병으로 나타날 수도 있다.

가장 안타까운 내담자는 "선생님. 저는 성격이 왜 이럴까요?"라고 말하면서 스스로에 대해 부정적으로 이야기하고 자신을 인정하지 않는 사람이다.

나는 다른 사람들보다 성격이 안 좋아!
MBTI 유형 결과도 이상하게 나올 거야!
다른 사람들처럼 밝은 유형이 나왔으면 좋겠는데...

이들은 대체적으로 성격으로 인해 대인관계에서 갈등을 겪었을 가능성이 크다. 내면적인 갈등으로 힘든 순간을 보내고 있는 것이다. 이들에게 다음과 같이 말씀을 드린다.

"MBTI 16가지 유형 중에서 어느 유형도 나쁘거나 부정적인 유형은 없어요.
16가지의 유형은 각자의 긍정적인 성향을 가지고 있는 유형이에요."

이렇게 말씀을 드려도 이론적인 내용이라고 생각하고 처음부터 개인이 가지고 있는 생각이나 틀을 잘 깨지 못한다. 각 성격의 유형들을 보면 강점과 약점, 장점과 단점을 함께 가지고 있다. 인간이기 때문에 모든 상황에서 완벽할 수 없다. 그래서 가지고 있는 성격에 대해서 부정적으로 생각하기보다는, 내가 어떤 강점, 약점, 장점, 단점을 가지고 있는지를 인정하고 잘 활용하는 것이 가장 중요하다고 강조를 한다. 위에서 언급한 것처럼 개인의 성격에 대해 부정적으로 생각하고 있는 내담자들을 만나면 의외로 속마음을 이야기할 때 굉장히 깊은 이야기까지 하기도 하고 시간 가는 줄 모르고 본인의 생각을 표현하는 경우가 많다.

나에 대해 이런 사람이라고 생각하는데 어때요?
나는 이런 부분에 대해 답답함을 느끼고 있어요!
어떻게 개선하면 좋을지 너무 고민스러워요.

자신의 성격에 대해 부정적으로 생각하고 스스로에 대해 탐구하거나 공유하고 싶은 마음이 없다면 낯선 상담자나 그룹 활동 때 자신의 속마음을 이렇게 꺼내놓지 못한다. 이들은 상대가 자신에 대한 이야기를 듣고 공감해 주기를 바라는 측면이 크다.

  MBTI의 16가지 유형은 모두 긍정적인 성향 특징을 가지고 있지만 환경에 따라 부정적인 모습으로 표출될 수도 있다. 상담을 요청하는 분들 다수는 자신의 주변 환경을 극복할 수 있는, 혹은 적응할 수 있는 방법을 알고 싶어서 오게 된다. 그래서 MBTI 검사를 통한 유형에 대한 탐구는 단순히 선호지표들의 특징으로만 이해할 것이 아니라 개인이 어느 환경에서 어떠한 요소들을 직면하고 있는지를 파악하는 것이 함께 필요하다. 개인이 가지고 있는 MBTI 성격 유형은 모두가 존중받아 마땅할 긍정적인 특징들을 가지고 있다는 것을 기억하자. 조금은 스스로에 대해 더 자신감을 가질 필요가 있다.

다양성 인정과 자기 탐구의 원동력

  우리는 다양한 의견들이 존재한다는 것을 알고 있지만 그것을 실제로 이해하고 받아들이는 것은 다른 문제다. 우리는 자신과 비슷한 생각을 하는 사람들을 만나 서로 공감함으로 자신의 의견이 정당하다는 것을 확인하지 않는가. 하지만 그것은 이해의 폭을 넓히는데 좋은 방법이 되지 못한다. 여전히 자신의 생각만 고집하는 것이다. 그런 점에서 MBTI를 통해 다양한 유형을 이해하는 것은 큰 도움이 된다. '정말 이렇게 생각하는구나' 라는 반응을 많이 할수록 나의 이해의 폭은 넓어진다고 할 수 있다.

  어떤 여성 내담자의 이야기다. 배우자(남편)와 어떠한 계획을 세울 때마다 항상 갈등이 생긴다고 한다. 내담자의 MBTI 유형은 ISTJ였고, 남편은 ESFP이다. 내담자는 무엇이든 시작을 하기 전에 계획을 세우고 그에 맞춰 움직이길 선호하는데 남편은 '인생은 계획한 대로 살아갈 수 없다'고 말하는 사람이었다. 뭐든 대략적인 어젠다만 세우고 돌격하는 사람이다. 물론 때로는 그런 생각이 잘 맞는 경우도 있다는 것을 아내도 안다. 하지만 만족스러운 결과가 나오기 전까지 무계획의 불안감으로 너무 힘들다고 토로를 했다. 그런데 아내와 이야기를 나누다 보니 다른 사람들이 느끼기에 사소한 결정에 대해서도 계획을 세우고 효율성을 추구하려는 모습이 보이기 시작했다. 예를 들어, 오전에 세탁소와 마트에 갔다가 점심을 먹어야 하는 일정이라면 어떻게 동선을 세우는 것이 가장 시간 낭비를 하지 않고 효율적일지 시간과 동선을 고려해서 움직인다고 한다. 남편의 경우는 그리 멀리 가는 것도 아니니 밥 먹고 세탁소 갔다가 마트에 가면 되지 않냐고 말을 한다. 이런 남편의 의견에 대해서 아내는 시간을 비효율적으로 사용하는 거라고 판단을 하는 것이다. 하지만 잘 생각해 볼 필요가 있다. 남편의 의견을 살펴보면 동선이 꼬일 가능성이 별로 없다. 꼭 계획을 세우고 그대로 하지 않았다고 해서 시간을 비효율적으로 썼다고 생각할 수 있을까?

　ISTJ는 개인이 가지고 있는 시간에 대해 낭비한다는 느낌을 받는 것을 선호하지 않고, 계획에 맞춰 움직여 그 계획대로 하루를 보내는 것을 선호하는 유형이다. 그렇다 보니 상황에 따라 유연하게 움직이고 유동적인 부분은 언제나 존재할 수 있다고 생각하는 ESFP는 ISTJ의 모습에 대해서 꽉 막히고 답답한 사람으로 보일 수밖에 없다. 이러한 성향의 차이가 무언가를 함께 상의하고 계획할 때 갈등으로 번질 수 있는 요소가 될 수밖에 없다. 내담자는 배우자가 너무 계획성이 없는 사람이고 자신은 계획적인 사람으로 정의를 내리고 있었다. 그 기준에 의해 배우자에 대해 항상 부정적으로 생각하고 있었던 것이다. 이 사례는 '계획성이 없는 배우자'를 '시간을 낭비하는 배우자'라고 결론 내리는 실수를 보여주고 있다. 모든 유형이 이와 같은 자신만의 규칙을 만든 것은 아닌지 생각해 볼 필요가 있다.

"나와 다른 사람들이 분명 존재해."

위와 같이 말을 하는 것은 쉽지만 실제로 그것을 받아들이는 것이 쉽지 않을 때가 많다.

"알긴 아는데, 저 사람은 진짜 이해 못 하겠어."
"나는 나랑 다른 사람은 진짜 안 맞아."

우리는 이렇게 다른 사람들의 다양성에 대해 부정적으로 바라보는 시선을 가지고 있을 수 있다. 왜냐하면 우리는 스스로를 이해하기까지도 많은 시간이 걸리는데, 하물며 나와 다른 사람들에 대한 이해와 인정은 정말로 오래 걸리기 때문이다. 그래서 MBTI의 16가지 유형에 대해 이해한다는 것은 다양성에 대한 인정을 할 수 있는 원동력을 만드는 것이다.

02_ MBTI로 바라보는 교수자

좋은 교수자 결정

교수자를 대상으로 MBTI 교육을 할 때 사전에 이런 질문들을 받게 된다.

"선생님들마다 본인에게 맞는 과목으로
가르치고 있는지 알 수 있나요?"

"교사의 역할을 잘 수행할 수 있는
MBTI 유형에 대해 알 수 있나요?"

그런데 정말 MBTI 검사 유형만으로 '학습자에게 좋은 교수자'를 규정지을 수 있을까? 몇 가지 가정을 통해서 그 내용을 살펴보자.

〈가정 1〉

어릴 때부터 교사가 꿈인 사람이 있다고 가정해 보자. 그는 문학에 대한 흥미를 가지고 있다. 꾸준히 목표를 이루기 위해 공부를 하더니 결국 사범대학에 들어갔다. 그런데 우연히 대학교에서 MBTI 검사를 진행했는데, 자신의 성격 유형이 문학과 관련된 교사의 선호 성향과는 전혀 다른 과학과 관련된 선호 성향이 나온 것이다. 그렇다면 이 사람은 자신의 흥미와는 상관없이 본인의 MBTI 유형과 맞지 않다는 이유만으로 교수자의 역할을 포기해야 할까?

〈가정 2〉

내향형과 외향형을 비교해 보면 내향형은 낯선 환경이나 대중 앞에서 말하는 것을 훨씬 더 부담스러워할 가능성이 높다. 개인의 선호분명도에 따라 차이는 있겠지만 상대적으로 외향형보다 내향형이 말수는 적고 경청을 선호하기 때문이다. 그렇다면 내향형은 지식과 정보를 가르치는 교수자의 역할이 맞지 않고, 교수자로서 역할을 수행한다면 소수의 학습자들을 대상으로 가르칠 수 있다고 규정할 수 있을까?

MBTI 유형을 구성하고 있는 선호지표에 따라 교수자의 역량을 좀 더 유연하게 발달시킬 수 있는 기질이 존재할 수 있다. 예를 들어 항상 새로운 학습자들을 대상으로 교육을 진행해야 하는 교수자라면 상대적으로 내향형을 선호하는 사람보다 외향형을 선호하는 사람이 환경을 좀 더 편하게 생각할 수도 있다. 하지만 그렇다고 해서 내향형을 선호하는 사람이 그 역할을 아예 수행하지 못한다고 생각하는 건 적절하지 않다. 상대적으로 외향형에 비해 그 역할을 수행하는 데 준비나 적응의 시간이 조금 더 필요할 수 있지만 단순히 선호지표만 놓고 판단하는 것은 MBTI의 취지와 맞지 않다.

이러한 내용을 좀 더 잘 이해하기 위해서 다음의 예를 살펴보려고 한다. 우리가 아무런 지식이 없는 상황에서 아래와 같은 선호분명도를 가진 두 교수자의 MBTI 유형검사 결과 보고서를 확인했다고 가정해 보자.

	1번 교수자	2번 교수자
E-I (에너지 방향)	I 30	E 28
S-N (정보의 기능)	S 27	N 20
T-F (판단의 기능)	T 25	F 18
J-P (생활양식)	P 28	J 20

* 선호 분명도는 30점 만점

　MBTI 16가지 유형 중에서 위 두 명의 교수자와 같은 결과가 나온다면 1번 교수자는 ISTP, 2번 교수자는 ENFJ의 성향을 선호하는 교수자라고 볼 수 있다.

　ISTP가 선호하는 교수 환경에 대해서 살펴보자. ISTP는 강의할 수 있는 내용들을 독립적으로 정리하고 공부할 수 있는 환경을 선호한다. 또한 내향적이고 사실 중심적인 정보를 선호한다. 객관적인 정보와 논리적인 분석을 통해 전달하는 것을 원하기 때문에 도구나 재료를 잘 다루는 기계, 과학, 엔지니어링, 경제, 통계, 법률과 같은 분야의 지식을 탐구하는 것이 잘 맞을 수 있다.

　반면 ENFJ는 외향적인 성향으로 다수와 함께 에너지를 교류하고 싶어 한다. 그래서 혼자 탐구하기보다는 토론을 하거나 교육자료를 공유하면서 준비하는 것을 더 선호한다. 사람을 다루고 행동을 요구하는 분야에서 선호지표의 긍정적인 에너지가 나오기 때문에 예술, 문학, 상담, 심리 등 사람들에게 관심을 가지고 가치를 전달할 수 있는 교수자의 역할을 할 때 만족감이 높을 것이다.

MBTI 검사를 한 후 '나는 ENFJ가 나왔기 때문에 ISTP에 비해서 과학 분야의 교수자로 적당하지 않네.' 라는 부정적인 생각을 해서는 안 된다. 바람직한 생각은 '과학 분야의 교수자로서 내가 어떤 것을 더 배우고 역량을 강화하면 좋을까?' 이다. 이러한 접근으로 MBTI 성격 유형을 받아들이고 활용해야 한다. 다시 강조하지만 4가지 선호지표로 구성된 16가지 MBTI 성격 유형은 개인의 선천적인 선호 기질에 대한 탐구를 할 수 있는 자기측정 검사 도구이지, 개인을 이분법으로 규정해서 다른 분야를 도전하지 못하게 제한하는 기준표가 절대로 아니다. MBTI의 4가지 양극화된 선호지표를 통해 만들어진 16가지의 성격 유형은 '좋은 교수자'를 선택할 수 있는 기준점이 절대로 아니다. 교수자라는 역할도 개인이 타고난 선호성향과 기질에 따라 다른 모습을 보여줄 수 있다. 어떤 분야에서 좀 더 만족감을 느낄 수 있고, 좀 더 효과적으로 전달을 할 수 있을지 도움이 되는 정보를 알려줄 뿐이다.

선호지표 조합에 따른 교수자의 모습

어린이집부터 대학교까지 다양한 교사, 성인이나 시민을 대상으로 강의를 진행하는 강사, 사내 교육이나 연수원처럼 특정 학습자들을 대상으로 강의를 운영하는 강사 등 다양한 분야에서 활동하고 있는 교수자들을 대상으로 MBTI 검사를 진행했을 때 비슷한 유형들마다 공통적인 특징이 나타난다.

먼저 4가지 선호지표에 대한 특징을 중심으로 이해할 필요가 있고, 이어 이러한 선호지표들이 합쳐진 16가지 유형의 특징까지도 살펴보자.

4가지의 선호지표에 따른 교수자의 성향

에너지 방향 – E/I의 성향을 가진 교수자들의 특징

MBTI 강의를 할 때 미리 참가자들에게 검사를 진행하게 해 그 결과를 받아서 강의를 준비하게 되는 경우가 많다. 그 결과를 보았을 때 가장 뚜렷한 특징을 보여주는 선호지표는 '에너지의 방향'인 외향성(E)와 내향성(I)이다. 항상 그런 것은 아니지만 상황에 따라 그 결과가 두드러지게 다를 때가 있다. A강의 대상자 상당수는 I유형이었고, B강의 대상자는 거의 E유형이었던 적이 있었다. 그렇게 쏠린 유형에 따라 강의장의 분위기는 매우 다른 모습을 보여준다. 교수자의 모습은 어떨지도 살펴보자.

I유형의 선호지표가 강한 교수자들이 지속적으로 역량 강화를 고려해야 할 점은 앞에 나가서 학습자들에게 가르침을 전달하는 것, 프로젝트 발표를 하는 것, 의견을 전달하는 것에 대해서

사회적 스킬을 계속 키우는 것이다. 그래서 I유형은 여전히 '일하는 중'인 것이다. 사회생활을 오래 할수록 상대적으로 나서는 부분에 대해 I유형의 선호 분명도는 낮아진다. 그러니 이들이 교육을 수강하는 학습자의 입장일 때는 어떨 것이라는 것이 예상될 것이다. 이들은 갑작스러운 발표나 그룹 대표로 이야기를 하는 것에 대해 큰 부담을 가진다. 이런 이유 때문에 이들에게 "오늘 수업에서 발표는 없고 조별로 소통하는 시간만 진행할 예정입니다."라고 말을 하면 그제야 살짝 미소를 보이거나 작은 웃음, 혹은 박수로 긍정적인 신호를 보낸다.

반면, E유형의 선호지표가 강한 곳은 그 분위기가 다르다. 이런 사람들이 많은 강의장은 들어갈 때부터 이미 분위기가 시끌시끌하다. 먼저 다가와서 교육 진행에 있어 도와줄 부분이 없는지 물어보기도 하고, 서로 자신들의 MBTI 유형에 대해 이야기를 나눈다. 그래서 E유형의 선호지표가 높은 교수자들은 본인이 가지고 있는 생각이나 느낀 점에 대해 공유하면서 에너지를 교류하는 것을 선호하기 때문에 이들을 대상으로 교육을 할 때는 그룹끼리 소통할 수 있는 시간을 넉넉하게 주는 것이 좋다. 그러면 그룹별로 주제에 대해 정리하고 발표할 수 있는 미션 프로그램과 같은 활동에 대한 참여도가 높아질 것이다.

E와 I의 선호지표를 가진 교수자들에 따라 교수 환경에서 나타나는 모습들이 그대로 성향의 특징을 반영할 수도 있고, 상황에 맞춰 발달시켰을 수도 있다. 특히 I유형을 선호하는 교수자들은 사회적 경험을 통해 스킬을 키워서 E유형의 성향처럼 먼저 말을 하거나 타인에게 다가가는 모습을 보여줄 수 있다. 그래

서 이들의 MBTI 결과에 대해서 주변에서는 의문을 갖기도 한다. "선생님 I유형이었어요?" 그러면 I유형의 교수자는 대부분 이렇게 말한다. "외향적인 모습을 키우기 위해 엄청 많이 노력했어요."

외향적인 성향(E)의 교수자는 외부 세계의 사람들과 소통을 하면서 에너지를 얻기 때문에 학습자에게 정보를 전달할 때 선호 분명도가 높을수록 목소리도 크고, 내용도 생동감 있게 잘 전달한다. 목소리의 높낮이도 유연하게 조절할 수 있다. 상대방에게 자신의 이야기가 잘 전달되도록 여러 가지 부연 설명도 하기 때문에 그 모습은 마치 매우 열정적인 에너지를 가진 교수자처럼 보인다. 이들은 매우 긴 시간을 말하는데도 전혀 지치지 않는 것 같다. 시종일관 넘치는 에너지와 다양한 화법으로 학습자들과 끊임없이 소통을 한다. 이렇게 말하면 E유형이 I유형보다 더 훌륭한 교수자라고 오해를 할 수 있는데 그런 의미가 아니다. I유형 교수자는 정보에 대해 머릿속으로 정리하고, 그 내용들을 교육자료로 만들어서 전달하기 때문에 군더더기 없이 핵심적인 부분들을 학습자에게 전달한다. 그 모습은 안정적이며 정돈되어 보인다. E유형의 교수자보다 더 깔끔한 정보를 전달한다는 이미지를 준다. 목소리의 톤 또한 안정적이기 때문에 정보를 듣는 사람들도 차분해지는 상황이 연출된다. 한 가지 I유형에 대한 오해를 더 말해보면 I유형 교수자들은 위트나 유머가 없이 교육정보만 전달한다고 생각하는 것이다. 하지만 실제 현장에서 적절한 타이밍에 농담을 하거나 유연하게 답변을 이어가는 I유형을 볼 때가 있다. 어떻게 그럴 수 있을까? 그것은 미리 준비를 해서 필요한 상황에 그 답변을 사용하는 것이다. I유형이라고 재미가 없는 것이 아니다. I유형도 센스가 있고 유머가 있을 수 있다. 이것은 I유형의 교수자가 자신에게 부족했던 부분을 개발해 노력한 결과다. 그래서 E와 I의 결과만을 가지고 그 모습을 단정 지어서는 안 된다.

인식기능 - S/N의 성향을 가진 교수자들의 특징

정보를 어떻게 인식하느냐에 따라 구분하는 두 번째 선호지표가 있다. 그것은 감각형(S)과 직관형(N)이다. 이것은 특히 학교에서 어떤 과목을 담당하고 있느냐가 그 결과에 영향을 미치는 경우가 많다. 담당 과목이 선천적인 기질의 부족한 점을 강화하는 경우가 있다. 특히 교직에 있는 교수자는 개인이 가지고 있는 선호 성향에 이끌려 해당 교과목 방향으로 나아가 선호 분명도를 더욱 뚜렷하게 한 경우가 많다.

감각형(S) 교수자는 자신이 직접 오감을 이용해 경험하고 사실적으로 확인할 수 있는 정보를 활용하는 것을 선호한다. 그래서 실용적이고 현실적인 정보를 중요하게 생각한다. 학습자들에게 정보를 전달할 때도 명확하게 해당 내용에 대해 왜 그런지를 규정하고 안내하는 것에 능통하다. 그래서 어떠한 추상적인 아이디어를 떠올리거나 새로운 개념에 대해 정의하기보다는 기존에 있는 내용들을 체계화하고 만들어가는 것을 선호한다. 그래서 이들은 기계설비, 건축, 행정, 관리와 같은 직업군에 대해 가르치는 교수자에 어울린다.

반면 직관형(N) 교수자는 기존에 없었던 새로운 아이디어를 기반으로 통찰력을 가진 무언가를 만들어내거나, 창조하는 것을 선호한다. 실제적인 정보나 지금 당장 현실적으로 있는 것보다 머릿속에 있는 상상력을 끌어내서 표현하거나 적용하는 것을 선호한다. 그래서 직관형(N)은 예술과 과학 분야에도 잘 어울린다.

이 둘을 비교하자. S성향이 강한 교수자들은 프로그램 운영을 효율적으로 할 수 있는 방안에 대해 의견을 제시하면서 빔 프로젝터나 장비 등을 활용하는 것에 도움을 준다. 그러나 N성향이 강한 교수자들은 똑같은 강의안을 보더라도 표현 방법을 다르게 하거나, 창의적인 답변으로 정보를 인지하는 방식에 차이를 보여준다.

S성향이 강할수록 사실을 정확하게 전달하는 것이 중요하다고 생각해 정보에 대한 날카로운 관찰을 보여준다. 학습자들은 체계적으로 꼼꼼하게 정보를 전달받는다는 이미지를 받을 수 있다. 자신이 어떤 내용을 이해하고 받아들여야 하는지 명확하게 알 수 있다. 그러나 굳이 전달을 받지 않아도 되는 내용까지 전달을 받는 경우가 있다. 왜냐하면 알려주고자 하는 내용이 많다 보니 정해진 시간을 지키지 못하고 초과하는 것이다. 그래서 마지막에 굉장히 빠른 속도로 정보를 전달해 버린다. 이런 경우 교수자 입장에서는 정보를 충실히 전달했다고 생각할지 모르겠지만, 학습자 입장에서는 뒤로 갈수록 교수자가 급한 모습을 보이기 때문에 불편함을 느끼게 된다. 또한 빠르게 전달하다 보니 학습자가 충분히 이해하고 받아들이는데 문제가 생길 수 있다. 어느 정도 선까지 정보를 전달할 것인지 충분히 고려해야 한다. S성향이 강한 교수자일수록 교육내용에 포함할 정보를 정하는 것이 쉽지 않을 수 있다. 그래서 교수 설계 시 시간과 정보의 양에

대해 좀 더 계획적인 설계가 필요하다.

N성향이 강한 교수자일수록 동일한 내용이더라도 학습자에게 전달할 때 어떻게 하면 다른 방식으로 전달하면서 학습 효과를 높일 수 있을지에 대해서 고민을 한다. 내용을 많이 전달하기보다는 핵심 요소들을 통해 학습자가 깨달을 수 있도록 정보를 전달한다. 그래서 다양한 교구재를 사용하거나 교수 전달에 대한 방법을 시도한다. 다양성을 높이기 위한 노력을 많이 하는 편이다. 그래서 게이미피케이션 같이 다양한 학습 방법을 통해 교육을 운영하게 된다. 장점으로는 학습자들이 재미있게 참여하여 배울 수 있다는 점이다. 하지만 이전에 해보지 않았던 방법을 적용해서 운영하는 것이다 보니, 학습자의 이해도가 떨어지거나 교육 참여에 대한 동기부여가 부족하다는 피드백이 나올 수 있다. 특히 청소년 대상으로 하는 경우 이런 다양한 교육 프로그램을 운영하고자 노력하게 된다. 이런 노력이 정작 전달해야 할 내용은 부실하게 만들어 청소년들이 너무 어렵다고 평가를 하기도 한다.

사람에 따라 S와 N 성향의 선호 분명도가 다를 수 있기 때문에 자신에게 익숙한 선호 분명도로 치우치는 것이 강점이 될 수도 있지만 약점이 될 수도 있다는 점을 기억하자.

판단기능 - T/F의 성향을 가진 교수자들의 특징

T가 만점에 가까울 정도로 높다면 이런 고민을 할 수 있다. 스스로는 학습자들에게 교육 내용을 잘 전달하려고 노력하는데

학습자들은 강압적으로 정보를 전달한다는 느낌을 받는다는 점이다. 그러한 의도로 말을 한 적이 없겠지만 상대가 그렇게 느꼈다면 그 이유를 고민해 볼 필요가 있다. T는 사고형이다. 사고형(T)이 강할수록 사고를 통해 논리적인 근거를 바탕으로 정보를 전달하려고 한다. 그래서 학습자들에게 내용을 전달할 때 육하원칙에 따라 정리하거나, 정확하게 이 부분이 왜 이런지 프로세스로 정리해서 전달하는 것을 선호한다. 그러다 보니 때로는 학습자가 제대로 이해하지 못하는 부분에 대해 끝까지 이해할 수 있도록 강조하는 모습이 있을 수 있는데 그 모습을 화가 났거나 강압적인 것으로 오해를 할 수 있는 것이다. 정서적인 화법보다는 핵심 정보들만 이야기를 하는 이성적인 화법을 사용하다 보니 학습자가 '무서운 선생님'으로 느낄 수도 있다.

이런 상대의 반응에 대해서 사고형(T) 교수자들은 느끼지 못하는 경우가 많다. 사고형 성향이 강한 교수자는 어느 정도 정보 전달에 대해 확신을 가지고 꼼꼼하게 전달을 한다. 학습자가 무언가를 물어볼 때 '아니다'라는 판단이 된다면 그것이 왜 아닌지에 대해서 정확히 설명을 한다. 이런 답변을 학습자는 직설적으로 느껴 자신의 의견을 주거니 받거니 하지 않고 무안하다고 판단해 상황을 회피해 버린다. 이야기를 더 이상 하지 않고 말을 빨리 끝낼 목적으로 "네..."라고 답하며 넘어간다. 이런 답변에 대해서 사고형(T)은 대화가 잘 끝났다고 생각을 할 수 있다. 하지만 전혀 다른 피드백을 듣게 되면 황당함을 느끼게 된다. '교육 진행할 때는 전혀 문제가 없었는데, 갑자기?'라고 생각을 하지 않을 수 없다.

반면 감정형(F) 성향이 강한 교수자들은 학습자들의 피드백을 수용하면서 정서를 통한 공감을 한다. 학습자들이 실수하거나 돌발 상황이 발생할 수 있는 부분에 대해서도 어느 정도 인정을 해 주는 포용력을 보여준다. 때로는 이러한 모습이 정확하게 옳고 그름을 판단해야 하는 순간에도 나타난다. 하지만 이때는 우유부단한 모습으로 비칠 수 있다. 예를 들어 성적이나 평가를 하는 프로그램에서는 감정형(F)의 모습에 대해 학습자들이 공정성 문제의 이의를 제기할 수도 있다. 교수자의 감정을 표현하는 모습이 부정적으로 받아들여질 수 있는 상황이다.

감정형(F) 성향이 강한 교수자일수록 학습자가 느낄 불편함과 감정에 대해 공감하는 정도가 사고형(T)에 비해 높다. 그래서 교육을 진행할 때 많은 학습자들의 의견을 모두 공감해 주고 경청하려고 한다. 자신은 흐름상 괜찮다고 느낄 수 있지만 그렇지 않은 경우가 발생한다. 교수자가 직접 결정을 하고 결단을 내려야 하는 상황에서도 학습자들의 의견을 계속 받아들이고자 한다. 정확한 판단이나 기준점을 제시하지 않는다면 학습자가 교수자에 대한 신뢰를 잃을 수도 있다.

교수자의 입장에서는 사고형(T)과 감정형(F) 중 어느 한 쪽에 선호하는 선천적 기질이 있다고 하더라도 실제 교수 환경에서는 다양한 학습자들이 존재하기 때문에 내가 편한 쪽으로 의사소통을 하거나 행동하기보다는 교육 환경과 흐름, 학습자들의 성향에 맞춰 적절하게 T와 F를 활용하는 것이 가장 효과적일 수 있다.

사고형(T)의 교수자에게 다음과 같은 조언을 할 수 있다. 교육 이외의 시간에 학습자들과 교육 내용이나 바라는 점에 대해 편하게 이야기할 수 있는 시간을 종종 가져보자. 수업 시간에 내용을 전달할 때의 화법은 "이렇게 해야 합니다. 이런 식으로 하세요."라는 단정적인 방식보다는 쿠션 화법[1]을 통해 부드럽게 해보라고 권해 보자. 반대로 감정형(F)이 강한 교수자는 교육 진행 시 정보 전달을 할 때 감정을 표현하거나 주관적인 의견을 이야기해도 되는 타이밍을 따로 구분 지어보면 효과적일 수 있다.

생활양식 - J/P의 성향을 가진 교수자들의 특징

J성향과 P성향은 사전에 수업 준비를 하거나, 당일 교육을 진행할 때 시간에 대한 활용이나 계획을 세울 때 뚜렷한 차이를 보여준다.

판단형(J) 성향이 강한 교수자들의 경우 시간에 대한 정확성을 중요하게 생각한다. 그래서 사전 준비 기간부터 교육을 완료할 때까지 생활계획표를 세우는 것처럼 일정을 세워서 그에 맞춰 준비하고 운영한다. 특히 수업을 시작하면 정해진 시간 내에 정확하게 끝내는 것을 선호하다 보니, 수업 시간이 50분이고 쉬는 시간이 10분이라면 그 시간을 정확하게 맞추고자 한다. 정해진 시간 내에 정보 전달을 다 하지 못하는 일이 발생하지 않도록 체크하면서 운영을 하는 편이다. 특히 강의계획서에 맞게 교육을 준비할 때, 교육을 위해 교구재를 준비할 때, 체크리스트를 가지고 프로그램을 계획할 때 판단형(J)의 교수자들은 시작 전부터 꼼꼼하게 챙기면서 프로그램을 본인의 계획대로 완벽하게 수행하기 위해서 준비를 철저하게 한다.

---

[1] 고객이 불쾌감을 덜 느끼게 하면서 적극 처리해 드리겠다는 감정과 의사를 전달하는 표현

이런 모습은 때로는 학습자는 괜찮은데 판단형(J) 교수자 스스로 시간을 맞추지 못했다고 생각을 하거나 교육 운영을 효율적으로 하지 못했다고 생각하면서 스트레스를 받기도 한다. 그래서 이들은 다양한 변수들이 존재하는 상황에서는 계획한 시간대로 진행이 되지 않는 모습에 매우 큰 걱정을 한다. 융통성으로 넘기지 못하고 다음번에는 시간을 더 치밀하게 계획해서 준비를 한다.

반면 인식형(P)이 강한 교수자들은 학습자의 의견들을 수렴하면서 현장에서 발생할 수 있는 여러 상황들에 따라 유연하게 결정해 프로그램을 운영한다. 그래서 어떤 기준을 정해 놓고 '이렇게 무조건 진행합니다'라는 입장보다는 '학습자가 원하는 경우 변경이 가능합니다'라는 변화적 마인드를 가지고 있는 편이다. 그래서 학습자들은 인식형(P)의 교수자들에 대해서 매우 '유연하고 수용적인 사람'으로 기억을 한다.

하지만 인식형(P)이 강할수록 시간에 대해서 어느 정도 허용하다 보니 그룹별 발표 시간이나 강의 일정을 제대로 체크하지 못해서 학습자가 느끼기에 불합리하다고 판단하는 순간이 있기도 하다. 교수자에 대한 신뢰가 떨어지는 상황이 벌어질 수 있다는 점을 기억해야 한다. 다음과 같은 예가 있을 수 있다.

학습자들에게 그룹을 정하고 교재의 목차 중에서 발표할 주제를 하나 선정해 15분씩 발표를 하도록 했다. 그래서 학습자들이 그룹을 정한 후에 발표를 진행하였는데, 조가 많다 보니 몇 주 동안 진행을 하게 된 것이다. 수업 주차마다 평균 세 그룹의 조가 발표를 했는데 교수자가 조별 발표 진행 시 시간을 따로 체크하지 않고 유연하게 진행을 하다 보니 1, 2조는 25분에서 길게는 30분까지 발표를 했는데, 마지막 조는 시간에 쫓겨 15분도 하지 못하고 마무리를 해야 했다. 학습자들은 시간 분배에 대한 공평하지 못한 점을 교수자에게 전달했다. 결국 모든 그룹들이 제출하는 발표 자료를 가지고 점수를 배분하는 식으로 마무리를 했다.

J와 P 성향이 높은 교수자들은 교육을 준비하고 운영하는 스타일이 확연하게 다르다. 시간을 대하는 자세를 포함해서 생활양식에 차이가 있다. 또한 어떤 인식기능이나 판단기능을 선택하느냐에 따라 이들의 교수법은 같은 성향일지라도 달라질 수 있다.

J/P 선호 성향의 경우 교수자들이 처음에 가지고 있던 선호 성향으로 교수법을 진행하다가 학습자들과의 상호 관계를 통해 유연하게 사회적 스킬을 키우면서 그 성향을 바꾸는 경우도 많다. 시간에 대해 정확하게 운영하는 것을 선호하는 교수자도 다양한 경험을 통해 현장에서의 유연함을 보여줄 수 있다는 것이다. 반대로 시간에 대해 큰 구분을 두지 않는 교수자도 학교 수업처럼 정해진 시간이 명확하고 그 안에 내용을 전달하는 것이 필요하다면 체계적으로 챕터를 나눠서 어떻게 전달할 것인지 기준을 세운다. 교수법을 필요에 의해 자연스럽게 발달시킨 것이다.

지금까지 MBTI 유형을 구성하고 있는 4가지의 양극화된 선호지표를 중심으로 교수자의 성향 특징에 대해 살펴보았다. 이제는 각각의 선호지표가 가지고 있는 특징들을 조합했을 때 교수자의 특징이 어떤 식으로 나타날 수 있는지에 대해서 좀 더 자세히 알아보자.

유형별 교수자-학습자 관계 이해

MBTI 16가지 유형에 따른 선호 성향은 선호 분명도에 따른 행동 모습의 차이 때문에 교수자들의 선호 분명도 지수가 만점에 가까운 사람들의 대표적 모습 중 하나로 이해하는 것이 좋다.

실질적이고 사실적인 인식기능과 판단기능을 선호하는 'ST유형'

4가지의 선호지표 중에서 S(감각)와 T(사고)의 성향을 선호하는 ST 사람들은 오감을 통해 사실적이고 현실적인 정보들을 습득한다. 그 정보들을 통해 정확하고 객관적인 분석을 하기 때문에 실질적이고 사실적인 성향의 사람처럼 보인다.

MBTI 16가지 유형 중에서 ST성향을 포함하고 있는 유형은 ISTJ, ISTP, ESTJ, ESTP이다. 이들은 에너지의 방향이나 생활양식에 따라 공통점과 차이점을 가지고 있다. 그중 차이점을 말하자면 다음과 같다.

- 학문적인 성과를 전하고 싶다.
- 누군가에게 알려줄 수 있는 교육 내용을 가지고 있다.
- 학습자들이 어떠한 특성을 가지고 있는지 피드백을 해 주고 싶다.
- 학습자들이 정보를 제대로 인지하기 위해 어떤 방법을 사용할 필요가 있는지 현실적으로 빠르게 점검한다.

ISTJ와 ISTP는 내향적인 에너지 방향을 선호한다. IST 교수자들은 대체적으로 교육 내용을 전달할 때 차분하고 안정적인 편이다. 또한 ST의 특징으로 인해 감정적인 부분에 대해서 이야기를 하기보다는 이성적으로 지금 어떤 내용들을 전달하는 것이 필요한지 준비한 주제와 내용을 중심으로 이야기한다. I성향의 선호 분명도가 높은 교수자일수록 초반에 사람들 앞에서 이야기를 하고 내용을 전달하는데 외향적인 모습으로 보이거나 떨지 않는 모습을 보이기 위해서 사회적 스킬을 키우려고 노력하는 경우가 많다. 예를 들어 이들은 강의를 시작하기 전에 손과 목소리가 너무 떨린다. 그것을 진정시키기 위해 청심환을 몇 개 먹고 진행을 하기도 한다.

이들은 실제 사실에 대해 정보를 수집할 때 정확하고 체계적인 방법을 통해 논리적으로 분석을 한다. 뚜렷한 사실에 근거한 객관적인 내용이 아니라면 강의 내용으로 사용하지 않는다. 또한 정보를 수집할 때 스스로가 느끼기에 부족한 점이 많다고 판단하면 더 완벽해지기 위해서 참고 문헌이나 다른 자료들을 탐구하기도 한다. 이들은 학습자에게 감정적인 피드백을 하는 정서적 소통이 다소 미흡한 편이다. 그래서 학습자에게 칭찬을 하거나 동기부여를 하는 것을 어렵게 생각한다.

두 교수자는 J와 P의 차이 때문에 비슷한 모습을 보이면서도 다른 특징을 가지고 있다.

ISTJ 교수자는 교육 진행 중에 갑작스러운 돌발 상황이 발생하지 않도록 사전에 철저하게 준비하는 것을 선호한다. 그래서 강의계획서부터 교구재, 참가자 명단, 강의실 상황 등 사전에 구체적인 정보를 전달받고 싶어 한다. 혹시나 부득이하게 계획에 변화가 생겨 즉흥적인 대응이 필요한 경우에는 과거 경험을 잘 적용하며 감정적으로 응대하기보다는 침착하게 대처를 한다. 충동적이지 않으면서 일관된 모습으로 매사 차분한 모습을 보이기 때문에 학습자가 느끼기에 교수자의 기준은 확고하고 명확한 것처럼 보인다. 이 모습은 어떠한 변화나 새로운 지식이 추가되지 않는, 기존에 진행했던 내용을 그대로 유지하는 것으로 인식된다. 또한 자신의 방법과 생각만이 옳다는 모습처럼 보일 수도 있다.

ISTP의 교수자는 뚜렷한 사실을 근거로 해서 정확하고 객관적인 정보들을 전달하고자 한다. 그래서 교육을 준비할 때 구체적인 정보와 데이터를 준비하며 그것을 전달하는 강의를 선호한다. 당장 현장에서 어떤 변화의 필요성이 있는 경우 P로 인하여 상황을 빠르게 해결한다. 왜냐하면 이들은 어떤 행동을 해야 하는지에 대한 감각이 뛰어나기 때문이다. 그래서 불변의 기준을 두기보다는 융통성 있게 판단을 하는 편이며 다른 사람들의 의견도 잘 듣고 참고를 한다. 다만 학습자의 의견이 틀린 경우라면 우선은 이야기를 듣고 말한 것에 대해 긍정적인 칭찬을 먼저 해주지만 그 이후에는 그것이 왜 틀렸는지 정확히 이야기하고 사실적인 정보를 알 수 있도록 안내를 한다.

외향적인 에너지와 ST의 공통점을 가지고 있는 ESTJ와 ESTP의 교수자 유형 특징에 대해 알아보자.

EST 교수자들은 활동적, 행동적이면서 기본적으로 목소리에 힘이 있고 소리가 크다. 다양한 사람들이나 낯선 학습자들과의 만남도 불편하지 않다. 교수자로서 활용할 수 있는 강의 교구재 등에 대한 감각이 있고 유용한 아이디어가 떠올랐을 때 감각적으로 내용을 구성하고 전달하는 능력 또한 뛰어나다. 또한 다양한 경험들을 통해 꾸준히 역량 강화를 하는 편이다.

J와 P의 특징 차이도 살펴보자. ESTJ 교수자는 학습자에게 어떠한 교육 목표를 가지고 내용을 전달할 것인지 체계적인 계획과 프로그램 운영 능력이 있다. 그래서 학습자가 배움에 있어서 불분명하거나 어렵다고 느끼지 않는다. 내용을 전달할 때 확신을 가지고 학습자에게 제시하기 때문에 학습자는 교수자의 모습에 빠른 신뢰감을 가지게 된다. 다만 행동파적인 교수자의 모습이 강하게 나타나는 경우에는 촉박하게 강의를 준비할 수 있고, 학습자가 느끼기에 재촉으로 받아들일 수 있다. 그래서 ESTJ 교수자의 경우 학습자의 속도를 신경 써야 한다. 때로는 학습자가 교수자의 내용에 대해 반대 의견을 내거나 부정적인 이야기를 했을 때 수용하지 못하는 태도를 보일 수도 있다. 학습자와의 소통에서 수용의 자세가 필요한 유형이기도 하다. 자신은 그런 의도로 한 말이 아닌데, 학습자들은 이 교수자에 대해 화난 모습을 느낄 수 있다. 내용을 이해하지 못하는 학습자를 보면서 답답함을 느끼고 모르는 것에 대해 단호하게 가르치듯이 말하는 모습 때문이다. 정확한 내용을 전달하려는 모습이 때로는 학습자에게 엄한 모습으로 보일 수 있다는 것을 인식해야 한다.

ESTP 교수자는 관대하고 때로는 느긋한 모습을 보이는 교수자이다. 어떤 기준을 가지고 전달을 하기보다는 학습자의 다양성과 의견을 꾸준히 물어보고 소통하면서 교육 내용을 전달하기 때문이다. 그래서 학습자가 어떠한 이야기를 하더라도 크게 동요하지 않고 대부분 수용하는 자세를 취한다. 효과적으로 상황을 끝낼 수 있도록 해결책을 제시하거나 타협하는 것에 불편함이 없다. 동일한 내용이라고 하더라도 이전과 다른 방법으로 학습자에게 적용한다. 현재의 교육 환경에서 교육 목표를 달성하기 위해 즉흥적으로 방법들을 적용하기도 한다. 하지만 계획한 내용보다 즉흥적으로 진행하는 부분이 많아질 경우 교육 시간 내에 내용 전달을 끝내지 못하는 상황이 발생할 수 있다. 또한 학습자에게 사전에 공지했던 내용과 다른 활동을 함으로 혼란과 불만을 야기할 수도 있다. 기존에 공지한 내용을 유지하는 것과 즉흥적으로 하는 것을 적절하게 조절하는 것이 필요하기도 한 교수자의 유형이다.

동정적이고 우호적이면서 주관성과 개인의 가치를 선호하는 'SF유형'

4가지의 선호지표 중에서 S(감각)와 F(감정)의 성향을 선호하는 SF의 사람들은 ST와 마찬가지로 인식을 하면서 오감에 의존하지만 판단을 하는 기능에서는 감정을 선호한다. 현실에서 눈에 보이는 사실보다는 사람에 대한 가치와 주관적인 의견에 대해 더 관심을 가진다.

MBTI 16가지 유형에서 SF성향을 포함하고 있는 유형은 ISFJ, ISFP, ESFJ, ESFP이다.

ISFJ와 ISFP는 공통적으로 ISF의 특징으로 인해 조급하거나 빠르게 재촉하기보다는 학습자에 맞춰 서두르지 않는 방식으로 교육 내용을 전달하고자 한다. 그래서 학습자가 제대로 이해를 하고 있는지, 속도는 잘 따라오고 있는지 확인하면서 진행을 한다. 차분한 모습과 안정적인 언어 속도 때문에 과하거나 강하지 않다. 학습자의 입장을 이해하고 공감하기 때문에 학습자로 인해 불편한 상황이 발생하더라도 직접적으로 언급하기보다는 우회적으로 말을 하거나 참는 편이다. 하지만 학습자의 문제를 다 수용해서는 안 된다. 어느 정도는 필요하겠지만 그 선을 넘었을 때는 직접적인 의사 표현을 하는 것이 필요하겠다.

ISFJ와 ISFP 두 교수자의 경우 J와 P가 다르기 때문에 그에 따라 비슷한 모습을 보이면서도 다른 특징이 나타나기도 한다. ISFJ 교수자들은 학습자에게 지식을 알려주는 책임감도 강하지만 온정적인 모습 또한 함께 가지고 있다. 어떠한 상황에서도 인내심과 침착성을 가지고 있기 때문에 교육 내용에 대해 빠르게 이해하지 못하는 학습자들이 있는 경우에도 재촉하기보다는 학습자의 눈높이에서 이해할 수 있도록 다양한 예시나 다른 내용들로 전달하면서 이해도를 높이기 위해 노력한다. 또한 장기적인 교육을 운영하는 경우 학습자들의 특성을 잘 기억하는 편이다. 부족한 부분이 있었던 학습자들을 잘 기억해 다음 회기에 챙기는 모습을 보여주기도 한다. 그래서 학습자와의 교감이 잘 되는 유형이라고 할 수 있다. J성향으로 겉으로 티를 내지는 않지만, 다양한 학습자들의 유형이나 특징에 대한 경험을 쌓아가면서 현재의 만남에 그 정보를 잘 활용한다. 다만 학습자들에게 강력하게 무언가를 지시하기보다는 그들의 입장에서 목소리를 듣고 서포트하는 것을 선호한다. 그래서 때로는 결정을 내려야 할 때 망설이는 모습을 보여주기도 한다. 하지만 이런 모습은 학습자가 느끼기에 우유부단하다고 판단할 수 있다. 그래서 때로는 교수자의 역할로 독단적인 모습, 명확한 지시를 내리는 모습을 보여줄 필요가 있다.

ISFP 교수자는 학습자들에게 따뜻하고 부드러운 모습을 보이는 '인간미 넘치는 교수자'라는 말을 많이 듣는다. 학습자들과 친화적인 관계를 형성하는데, 수직적인 관계를 만들지 않고 수평적인 관계로 교육을 운영하는 편이다. 다만 처음 학습자들을 만날 때는 얼마나 페르소나[2]를 쌓았느냐에 따라 당장 ISFP의 따뜻한 모습이 드러나지 않을 수 있다. 하지만 ISFP는 16가지의 유형 중에서 가장 겸손한 유형이다. 학습자들은 그들로부터 권위적인 모습을 느끼지는 않는다. 이들은 교수자로서 헌신하는 모습을 보인다. 자신의 이익보다는 '교수자'라는 직업 목표 의식이 강하다. 그래서 헌신을 하는 것은 교수자로서 당연한 것이라고 생각한다. 학습자가 때로는 좋지 않은 모습을 보일 때에도 관용적인 모습을 보이곤 한다. 이러한 모습이 때로는 교수자의 역할을 제대로 하지 못하는 것처럼 보일 수도 있다. 다 받아주는 교수자를 모두가 좋아할 리는 없다. 그래서 항상 유연함과 관용적인 모습을 고집해서는 안 된다. 특히 다른 학습자들에게 불편함을 주는 학습자가 있다면 단호하게 처리를 해야 한다. 해결하는 것을 회피한다는 인식을 주어서는 안 된다.

외향적인 에너지의 방향과 SF의 성향을 가진 ESFJ와 ESFP 교수자들은 ESF의 특징을 공통적으로 보여준다. 이들은 친절하고 재치가 있으며, 교육 내용을 전달할 때 이론적인 정보만 전달하기보다는 '어떻게 하면 재미있게 전달할 수 있을까?'를 고민하면서 유머러스한 멘트를 중간마다 던지기도 한다. 처음 만나는 학습자에게도 능숙하게 대화의 주제를 전해 학습자가 자연스럽게 마음을 열고 교육에 임할 수 있도록 만든다. 두 유형은 J

---

[2] 페르소나(Persona)란 본래 고대 그리스 가면극에서 배우들이 착용했던 가면을 의미하는데, 이후 스위스 출신의 정신과 의사 카를 융이 분석심리학적인 관점에서 사용하기 시작한 개념이다. 외부 환경에서 요구하는 것에 따라 자신이 가지고 있는 편한 본성을 숨기거나 다스린다는 뜻이다.

와 P에 따라 다른 형태를 보여준다.

  ESFJ 유형이 교수자로서 중요하게 생각하는 역할이 있다. 그것은 학습자에게 교육 내용을 잘 전달하기 위해 열정을 갖는 것, 그리고 학습자가 더 나은 방향으로 갈 수 있도록 인도하는 것이다. 만약 학습자의 학습 속도가 느리다면 끈기를 가지고 차근차근 설명하는 모습을 보인다. 쉬는 시간에는 교육 내용 이외에 사적인 대화도 한다. 또한 학습자가 어떠한 이야기를 했을 때 그것에 대해서 긍정적으로 칭찬을 하고, 더 나은 방향으로 생각을 전환하거나 발전시킬 수 있도록 방법들을 알려주기도 한다. 다만 ESFJ 유형은 학습자와의 갈등 상황이 펼쳐지는 것을 원치 않다 보니 회피하는 모습을 보이기도 한다. 말을 제대로 듣지 않거나 교수자를 무시하는 학습자가 있을 때 해당 상황을 직면하지 않는다. 해당 문제를 진지하게 받아들이는 것이 필요하다. 가끔은 냉철한 입장이 되고 감정적인 부분을 조금은 줄일 필요가 있다. 이성적으로 학습자에게 쓴소리를 하는 연습이 필요한 유형이라고 할 수 있다.

  ESFP 유형은 ESF의 공통적인 특징처럼 학습자들에게 대체적으로 친절하고 수용적이다. 딱딱하고 무거운 수업 분위기보다는 밝고 활동적인 수업 분위기를 선호한다. 그래서 프로그램을 진행하는 동안 밝고 재미있는 분위기를 만들기 위한 말을 한다. 어떤 상황에서도 잘 적응하고 타협하는 유형이라 갑작스러운 강의 장소 변경이나 시간 변동, 학습자의 돌발 질문 등 예기치 못한 환경들에도 대체적으로 잘 대처하면서 모든 상황을 좋게 넘어가고자 하는 모습을 보인다. 새로운 것에 대해 관심이 많아 내용들을 전달할 때 학습자가 모르는 걸 물어보면 같이 찾아보면서 지식을 탐구하기도 한다. 새롭게 시도해 볼 수 있는 교수방법이나 교구재를 활용하는 것도 이들은 선호한다. 학습자와 소통하면서 프로그램을 운영하다 보니, 때로는 다른 이야기로 빠져 정작 전해야 하는 교육 내용을 모두 전하지 못할 때가 있다. 계획대로 교육 운영이 되지 않을 수 있다는 점을 명심해야 한다.

ESFJ와 ESFP 둘 다 학습자들이 즐겁고 재미있게 배울 수 있는 교수 환경을 만드는 것에 대해 관심이 많다. ESFJ에 비해 ESFP는 시간에 대한 계획을 잘 세우지 못하는 편이다. 그래서 운영 시 학습자가 불편한 부분을 겪지 않도록 주의를 할 필요가 있다. 반면 ESFJ는 '이건 꼭 해야 해'라는 기준으로 시간이 부족하거나 때로는 넘어가도 되는 상황에서도 무리하게 기준을 시행하여 학습자가 불편함을 겪지 않도록 주의해야 한다.

열정적이고 통찰적인, 가능성과 진정성을 선호하는 'NF유형'

세 번째로 살펴볼 교수자들의 유형 특징은 'NF성향'을 포함하고 있는 INFJ, INFP, ENFJ, ENFP이다. NF성향을 가지고 있는 유형은 인식하는 데 있어 직관적인 선호지표를, 그리고 결론에 도달하는 선호지표에서는 감정적인 성향을 선호하는데 SF 사람들과는 다르게 앞으로 일어날 가능성을 기반으로 사람들에게 긍정적인 무언가를 전달할 수 있기를 선호하는 유형 특징이 나타나는 편이다. 그래서 학습자들이 가능성을 가지고 있다고 생각하고 그러한 가능성을 끌어올려 학습자들마다 원하는 목표를 이룰 수 있도록 열정을 불어넣어 주면서 조력하는 모습을 보이기도 한다. 학습자들에게 무언가를 가르치는 '교수자'의 역할을 스스로가 좋아하고 만족하는 유형의 모습이 나타난다.

INFJ와 INFP는 내향적인 에너지 방향을 선호하는 것에 대해 공통점을 가지고 있는데 INF를 선호하는 교수자의 공통적인 모습 특징이 나타난다. INF성향을 선호하는 교수자의 유형들은 학습자들에게 강하게 교육 내용이나 배움에 대해 어필하지 않지만, 독창적이거나 뚜렷한 신념과 원칙을 가지고 내용을 전달하는 모습에 학습자들이 자연스럽게 신뢰하고 배움에 대해 집중하는 모습을 보이곤 한다.

같은 내용을 보더라도 학습자들이 어떻게 하면 좀 더 효과적으로 배우게 할 수 있을까에 대해 창의적인 아이디어를 교수법에 적용한다. 메타버스, AI 등 다양한 기술들을 활용해서 학습에 대해 성과를 나타낼 수 있는 배움을 전하는 것을 선호하는 모습이 나타나기도 한다.

두 교수자의 유형에서는 선호하는 마지막 생활양식인 J와 P가 다르기 때문에 그에 따라 비슷한 모습을 보이면서도 다른 형태로 교수자의 유형 특징이 나타나기도 한다. INFJ 유형은 학습자들이 더 발전할 수 있는 가능성과 가치를 중요하게 여긴다. 그래서 새로운 아이디어와 다양한 기술들을 적용하는 교수법을 개발하는 것을 선호한다. 또한 권위적인 모습이 아닌 학습자와 사교적으로 소통하면서 친절한 태도를 유지한다. 학습자가 개인적으로 또는 소수 집단으로 진로나 진학, 교육에 관련된 내용을 물어볼 때도 적극적으로 피드백을 하면서 도와주려고 노력한다. 하지만 단순하고 반복적인 교육 방법에 대해서는 비능률적이라고 생각하기도 한다. 쉽게 운영할 수 있는 부분도 복잡하게 생각하다가 스스로 답답해하면서 스트레스를 받는 모습이 나타날 수 있다.

INFP 유형은 책임감이 강해 교육을 성실하게 준비한다. 같은 내용이더라도 다양한 표현과 문장들을 통해 학습자가 잘 이해할 수 있도록 구성한다. 또한 나중에 학습자들이 성장해서 미래를 바꿀 수 있는 원동력이 될 수 있다는 이상적인 교육 가치관을 가지기도 한다. 그래서 교육을 할 때 일시적인 가르침으로 끝내는 것이 아니라 교육이라는 것에 대한 미래 가치와 이상적인 가능성에 대해 전달하는 모습을 보이기도 한다. 때로는 모든 학습자들이 만족할 수 있는 교육을 하려다 보니, 지나치게 완벽주의로 스트레스를 받을 수도 있고 그냥 넘길 수 있는 학습자의 반응에도 민감하게 반응하는 모습이 보일 수 있다.

외향적인 에너지와 NF의 공통점을 가지고 있는 ENFJ와 ENFP의 교수자 유형에 대해 알아보자. ENFJ 유형은 의사소통에 능한 편이라 학습자들과 소통할 때 글로 전달하기보다는 말로 소통하는 것을 선호한다. 그래서 강의안의 장표가 몇 장 되지 않더라도 해당 내용을 풀어서 학습자들이 이해할 수 있도록 전달하는 것에 타고난 재능을 보인다. 학습자들이 어느 부분에서 즐거워하는지를 잘 알기 때문에 위트 있는 유머를 교육 중간마다 적절하게 활용한다. 그리고 모든 학습자들로부터 긍정적인 피드백과 인정을 받고 싶어 하는 내적 동기가 있다. 그래서 비판을 받지 않기 위한 교육 환경을 중요시한다. 그러다 보니 때로는 학습자들과 너무 친해져서 교육을 진행할 때 허용할 수 있는 선을 넘기도 한다. 조화로운 학습자와의 관계도 중요하지만 어느 정도 상황에 따라 구분을 짓는 단호함이 필요하다.

반면 ENFP 유형은 반복적인 교육 방법을 잘 견디지 못한다. 그래서 똑같은 교육 내용을 전달할 때 계속 같은 교육 방법이나 교구재를 사용하기보다는 여러 교수법을 활용한다. ENFP는 돌발 상황에 대해서는 전혀 불편하게 느끼지 않고 오히려 그 상황에 대해 더욱 자극을 받으면서 어떻게 하면 좀 더 독창적으로 해결할 수 있을까를 즐긴다.

논리적이고 창의적인, 진리와 탐구를 선호하는 'NT유형'

마지막으로 살펴볼 교수자 유형은 'NT' 성향을 포함하고 있는 INTJ, INTP, ENTJ, ENTP이다. NT 교수자들은 공통적으로 가능성과 가치에 대해 초점을 맞추고 있다. 학습자의 인간적인 면이나 감정에 대한 것보다는 복잡하거나 흩어져 있는 정보들을 정리해서 정확하게 전달하는 것에 더 집중한다. 또한 자신이 가지고 있는 교수법에 대해서 옳다고 생각한다. 그래서 'NT' 교수자에게 새로운 교수법을 제안하거나 학습자가 의견을 제시할 때는 좀 더 나은 발전적인 변화가 있다는 것을 증빙해야 한다.

내향적인 에너지를 가지고 있는 INTJ와 INTP는 INT의 특징인 내성적이며 학문에 대한 탐구를 선호한다는 점이 있다. 그래서 새로운 아이디어나 지식을 탐구함에 있어 얼마나 깊이 있게 습득할 수 있는지를 보고 지식 자체에 진지하게 접근하고 탐구한다. 이들은 교육 목표를 이루기 위해 보이지 않는 곳에서 굉장히 많은 시간과 노력을 투자한다. 이들의 교수법은 그러한 스스로의 신념과 노력이 뒷받침되었기 때문에 16가지 유형 중에서 가장 독립적이고 단호하며 고집이 세다.

INTJ 성향을 가진 교수자들은 시간을 효율적으로 활용해 교육을 운영하고 싶어 한다. 그래서 항상 더 나은 교수 환경을 만들기 위해 노력한다. 그러다 보니 학습자들이 적극적이고 열심인 태도로 교육에 임하기를 원한다. 만약 그러한 모습이 나타나지 않을 경우에는 스트레스를 받거나 부정적인 반응을 보이기도 한다. 사실 학습자들도 최선을 다한 것이지만 교수자는 오해를 할 수 있다. INTJ 교수자는 이런 반응이 나타날 수 있다는 것을 기억해야 한다.

반면 INTP 교수자들은 명확한 정보와 전달을 통해 학습자들이 배우고 익힐 수 있도록 돕는다. 그래서 교육시간이 아닐 때는 평소 조용하고 과묵한 편이다. 학습자들과 어울리는 것보다 혼자 지적 탐구에 몰입하는 것을 선호한다. 또한 INTJ에 비해서 다양한 관점에 대해 수용적인 입장을 보이기도 한다. 학습자들이 지적 관심을 보이거나 탐구하고자 하는 자세를 보이면 실질적으로 도움이 되는 내용들을 아낌없이 전달한다. 다만 정서적인 소통이 약하다 보니, 학습자들이 느끼기에는 공감대 형성이나 감정적인 소통에 대해 무미건조하다고 할 수 있다. 때로는 학습자의 틀린 점에 대해 너무나 과하게 비판을 하는데 그 모습 때문에 다가가기 어렵다고 느낄 수도 있다. 이러한 부정적인 부분을 줄이기 위해 학습자와 공감하는 자세를 평소에 연습할 필요가 있다.

이번에는 같은 'NT'를 선호하지만 외향적인 에너지 방향을 가지고 있는 ENTJ와 ENTP에 대해 알아보자. ENT 교수자들은 변화에 대해 행동적으로 지향하는 공통점을 가지고 있다. 기존에 하던 방식을 고수하면 교수자의 역량은 쇠퇴한다고 보고 새로운 도전과 지식에 대한 탐구를 통해 꾸준히 교수법을 발전시킨다. 미래의 교육을 다른 교수자들과 공유하면서 교육 환경에 대한 발전을 위한 여러 가지 활동들을 함께 하고자 노력한다.

  ENTJ 교수자는 학습자들과 소통을 할 때는 먼저 다가가는 활동적인 모습을 보이기도 한다. 정보를 전달할 때 명확한 교육 목표를 설정하며, 사전 자료들을 분석적으로 조사하고, 그 후 교수법을 완성해 학습자들에게 내용을 전달한다. 그래서 새롭게 준비할 수 있는 교육 환경이 아니라면 그 환경에 대해 만족하지 못한다. 때로는 직접적으로 불만사항을 표출한다. 그만큼 학습자가 최대한 효과적인 학습을 할 수 있도록 환경을 만드는 것을 굉장히 중요하게 생각한다. 그러다 보니 학습 환경에서 비능률적이거나 학습자가 잘못된 학습태도를 보이면 솔직하게 그 단점을 전달한다. 필요한 경우에는 강하게 의견을 표현하는데 그때 어떤 망설임 없이 행동한다.

  ENTP 교수자는 가지고 있는 정보를 제공하는 과정에서 학습자의 태도에 대해 주관적으로 판단하기보다는 다양성을 인정하고 이해하려는 모습을 보이는 편이다. 그래서 교육 환경에서 다양한 학습자들이 존재한다는 것에 대해 어느 정도 인지를 한다. 넘치는 에너지로 학습자가 적극적으로 임할 수 있도록 분위기를 조성하고 이끈다. 또한 교수자가 관심을 가지는 영역에 대해서는 매우 적극적인 탐구 자세를 보여준다. 특히 학습자에게 내용을 전달하기 위한 작업은 이들이 매우 몰두하는 작업이라고 할 수 있다. 다만 새로운 것을 시도해 보는 것을 좋아하다 보니 때로는 교육 목표에서 벗어난 교수법을 진행하기도 한다. 학습자는 '이걸 왜 하는 거지?'라고 느낄 수 있다. 그렇기 때문에 새로운 아이디어와 시도로 인해 교육의 본질이 흐려질 수 있다. 어떠한 내용을 전달하고자 하는지 교육 목표를 잊지 않고 명확히 확인하는 것이 필요하다.

이상으로 MBTI 16가지 유형을 구성하고 있는 선호지표 중에 4가지 심리기능(ST, SF, NF, NT)을 중심으로 교수자들의 유형 특징을 확인해 보았다. 선호성향에 따라 비슷한 점이 있으면서도 학습자와의 관계나 교육 준비, 선호하는 교수 환경 등의 변수에 따라 차이가 있음을 알 수 있다. 이렇게 다양한 교수자들이 있는 만큼 학습자들의 특징도 다양한데, MBTI 유형별로 교수자와 학습자의 관계는 어떻게 나타날 수 있는지 알아보자.

유형별 교수자-학습자 관계 이해

긍정적인 교수자-학습자 조합이 있을까?

"제가 MBTI 유형이 ESTJ인데, 그럼 어떤 유형의 학습자랑 잘 맞을까요?" 이와 같은 질문은 잊을 만하면 한 번씩 받는다. 사실 이 내용은 교수자와 학습자와의 관계에서뿐만 아니라, 다양한 업종에서도 많이 듣는다. 이러한 질문이 있을 때마다 이렇게 답변을 한다. "교육 상황과 환경에 따라 다르고 개인마다 가지고 있는 선호 분명도 지수에 따라서도 차이가 발생할 수 있기 때문에 무조건 잘 맞고 안 맞고는 없어요."

MBTI 16가지 유형은 사람들의 다양성을 이해하는 것을 바탕으로 교육 환경에 있는 교수자의 특징 또한 이해하자는 입장에서 지표로 활용될 수 있다. 하지만 '내가 이러한 유형을 가지고 있으니까 난 교수자로 부족한 걸까?'와 같은 부정적인 생각을 하는 것은 전혀 맞지 않다.

선호지표에 따라 교수자와 학습자 간에 서로의 다양성을 빠르게 이해할 수 있는 유형이 있을 수 있고, 반대로 서로가 생각하거나 바라보는 구조가 달라서 이해하기까지 시간이 더 많이 걸릴 수 있는 유형이 있을 수 있다. 하지만 이러한 차이는 꼭 MBTI 유형을 기준으로 삼을 필요는 없다. 오히려 학습자의 경험과 가치관이 더 크게 작용할 수도 있다. 교수자의 입장에서 '나는 이런 유형이니까 반대 유형의 학습자를 만나면 불편할 거야'와 같은 섣부른 판단은 하지 않기를 바란다.

ESTJ 성향의 사람에 대해서 소개를 하려고 한다. ESTJ 강사가 MBTI 유형에 대한 설명을 할 때마다 일일이 아니라고 생각하는 부분에 대해 바로 지적을 하면서 강사를 여러 번 곤란하게 만드는 학습자가 있었다. 그런데 해당 학습자의 유형도 ESTJ 였다. 선호 분명도(최소 1점~최고 30점)를 보았을 때 강사에 비해 학습자가 훨씬 높은, 전형적인 ESTJ의 성향의 학습자임을 알 수 있었다. 학습자 입장에서 나타나는 ESTJ의 특징은 지금 당장 나에게 필요하고 정확한 정보인지에 대해 빠르게 판단하고,

잘못된 부분이 있다고 생각되면 망설임 없이 상대방에게 이야기하는 특징이 있다. 교수자일 때는 이러한 부분을 학습자에 맞춰서 완급조절을 하지만 학습자의 입장에서는 아니라고 판단이 될 때 정확하게 확인하고 넘어가야 하기 때문에 질문도 많은 것이다. 같은 ESTJ라면 내가 궁금해하고 중요하게 생각하는 것만큼 상대방도 동일할 것이기 때문에 교수자와 학습자의 소통은 긍정적일 거라고 생각한다. 하지만 이 둘의 역할은 각각 교수자와 학습자. 동일한 MBTI 유형이라고 하더라도 오히려 열등기능이 동일하기 때문에 상호 간에 더 맞지 않는 문제가 발생할 수도 있다.

물론 이와는 반대로 교수자와 학습자의 관계에 더 큰 시너지가 작용해 좋은 결과를 만든 경우도 있다. ISTJ의 사례를 예로 들어보겠다. 강사도 ISTJ, 참가자들의 절반 이상이 ISTJ인 상황이었다. 강사는 이 점을 알고 강의안을 ISTJ가 선호하는 스타일로 구성을 했다. 발표보다는 소그룹으로 활동을 진행하면서 이야기를 나눌 수 있도록 구성을 한 것이다. 그러다 보니 ISTJ 성향의 학습자들은 교육 환경에 어느 정도 적응을 하게 되면서 교수자가 안내하는 교육 방향이나 목표를 이루기 위해 성실하게 임하는 모습을 보여주었다. ISTJ 학습자들의 적극적인 교육 참여로 잘 마무리가 되었던 사례다.

환상적인 교수자와 학습자의 궁합을 MBTI의 유형으로 결정할 수는 없다. 유형들마다 가지고 있는 열등기능(약점이 될 수 있는 선호지표)에 대해서 다양성을 인정하고 열린 마음으로 받아들여야 한다. 교수자들은 어떠한 유형들을 만나더라도 시간 차이가 있을 뿐, 어떤 학습자와도 긍정적인 관계를 만들 수 있다.

학습자의 다양함을 인정하고 이해하는 자세가 필요하다.

교수자가 일일이 학습자들을 만날 때마다 MBTI 유형이 어떻게 되는지 물어보고 그에 맞는 교수법을 적용할 수는 없다. MBTI 유형별 교수자의 특징이 다양한 것처럼 학습자들도 굉장히 다양하다. 그래서 나와 다른 학습자들이 참여할 것을 미리 인정하고 받아들이는 자세가 필요하다.

교수자의 선호 분명도가 높을수록 이렇게 생각할 가능성이 크다.

'내가 교수자인데, 내 방식대로 따라와야지!'
'진짜 학습자가 이상한 거 같아!'

이렇게 부정적으로 받아들이는 교수자들도 생각보다 많은 편이다. 우리는 '나'를 기준으로 초점을 맞추다 보니, 상대방을 이해할 때 다양성보다는 '틀림'이라고 받아들이는 경우가 많다. 교수자의 입장에서 학습자가 한 번 틀렸다고 생각하면 그의 행동 하나하나가 마음에 들지 않게 되고, '어떻게 하면 저 사람이 내 말을 듣게 하지?'라는 교육 목표에서 벗어난 생각으로 빠질 수 있다. 이것은 학습자들도 마찬가지다. 굉장히 다양한 학습자들을 받아들이기 위해서 교수자는 페르소나를 키울 필요가 있다. 본인이 편한 성향 그대로를 유지하는 것이 아닌 교수자의 다양한 역량을 강화한다면 어떤 학습자를 만나더라도 스스로가 만족할 수 있다. 그런 노력을 하지 않는다면 교수자는 학습자들의 다양성을 받아들이지 못하고 매번 다음과 같은 생각을 할 수 있다.

'나는 노력을 했는데, 학습자들이 이상해서
내가 원하는 대로 교육을 운영할 수 없어!'

이런 생각을 한다는 것 자체가 발전하지 못한 교수자라는 것을 증명하는 것이다. 교수자는 학습자들이 다양한 성향을 가지고 있다는 것을 인지해야 한다. 무조건 내가 편하고 마음에 드는 학습자들만 기대해서는 안 된다. 어느 누가 오더라도 유연하게 교육할 수 있어야 한다. 그래서 '다양성을 인정하는 자세'가 가장 중요하다. MBTI 16가지 성격 유형은 이런 점을 도와줄 뿐이다.

16가지 성격 유형을 활용하는 교수자

'저 사람은 이런 유형이라서 그런 행동을 했던 거구나!' 많은 사람들이 MBTI 16가지 성격 유형에 대해 관심을 가지고 몰입하는 이유는 이런 판단을 하는 데 도움이 되기 때문일 것이다. 어떤 판단을 할 때 기준점은 필요하다. 그렇지 않으면 항상 의문만 가지게 될 뿐이다.

'저 사람은 어떤 사람일까?'
'저 사람은 왜 저렇게 행동할까?'

'우리는 왜 이렇게 잘 통하는 거지?'

이런 궁금점들의 이유를 좀 알게 되니 MBTI가 이들에게는 보물지도와 같은 역할을 한 것이다. 이 책 또한 교수자들에게도 도움이 되고자 MBTI의 활용법을 말하고자 한다.

학습자를 예측한 교수법 준비

MBTI 검사를 통해 '내가 이런 유형의 특징이었구나!' 라고 알게 된 교수자들이 많다. 이제는 스트레스를 받았던 이유에 대해 성향 때문이라는 사실을 알게 되었고, 불편한 학습자나 잘 통하는 학습자들과의 관계가 어떤 성향 때문인지도 알게 되었다. 교육 환경에서 나타날 수 있는 상황들에 대해 미리 대비할 수 있는 긍정적인 상황이 된 것이다.

예를 들어 ESFP성향을 가진 교수자는 매번 강의안을 구성할 때마다 벼락치기로 준비하는 상황이 많았다. 강의를 할 때마다 중요하게 말해야 하는 부분을 놓쳤고, 불필요한 이야기를 많이 하다가 시간 내 끝내지 못하는 상황들도 많았다. 이런 자신의 모습에 대해서 자신이 강의 실력이 부족했다고 생각을 할 수 있다. 하지만 이제는 ESFP가 가지고 있는 특징을 알게 되었다. 밝고 재미있는 교수 환경을 만들기 위해 준비한 내용 이외에 다른 이야기들을 많이 하다 보니 항상 시간이 부족한 상황을 만들게 된 것이다. 그러면 ESFP 교수자가 할 수 있는 역량 강화는 무엇인가? 그것은 시간관리를 좀 더 체계적으로 하는 것이다. 학습자들에게 내용을 전달하는 시간에도 어떤 이야기를 먼저 전달할 것인지를 미리 체크해서 되도록 시간 내 모든 내용을 끝내는 연습이 필요하다. '무조건 열심히 교육 내용을 준비해야지!'라고 하는 포괄적인 자세보다 '난 시간 관리가 잘 안되는 유형일 수 있으니 이 부분에 확실한 계획을 세우고 실천해 보자'라는 구체적인 계획을 세우는 것이 필요하다.

교수자들이 처음에는 MBTI을 자신의 성격을 정확히 알고 싶어서 접하는 경우가 많다. 많은 사람들이 스스로에 대해 잘 알고 있다고 생각하지만 구체적으로 표현을 하고자 하면 명확한 단어로 말하기 어려워 곤란해한다. 자신에 대해서 깊게 파악하지 못한 상태에서 처음 접하는 학습자들과의 라포 형성을 통해 교육 운영이 필요하니 어디서부터 관계를 시작해야 하고 때로는 갈등을 어떻게 풀어야 할지 답답함을 느낄 때가 많을 것이다. MBTI를 통해 개인의 탐구를 어느 정도 이룬 교수자들은 교육 준비를 할 때 다음과 같은 강점을 보일 수 있다.

- 너무 이론적인 내용만 넣은 것은 아닌지
- 이해하기 어려운 창의적인 방식을 선택한 것은 아닌지
- 많은 내용을 전달하고자 하는 의욕에 정해진 교육 시간을 초과하는 것은 아닌지

다각도의 시선으로 접근할 수 있기 때문에 스스로의 강점을 살릴 수 있는 교수법으로 현장에서 학습자들과 잘 소통할 수 있게 된다.

MBTI 유형의 특징들을 토대로 학습자들에게 다가가기

교수자들이 매번 학습자들의 MBTI 유형을 다 확인해 볼 수는 없다. 몇백 명, 몇천 명을 대상으로 진행하는 교육일 수도 있고, 학습자들의 감정과 태도에 대해 정확히 확인하기 어려운 비대면 교육일 수도 있다. 이런 다양한 상황에서 MBTI는 어떤 도움을 줄 수 있을까? MBTI 성격 유형별 16가지의 특징 이해와 4가지 선호지표들의 성향들을 익히고 만나는 학습자들마다 행동에 대해 유추해 보는 연습을 하게 되면 어떤 학습자들을 만나더라도 잘 대처를 할 수 있게 된다. 몇 번 이야기를 나누면서 학습자의 행동 특징을 파악할 수 있고 선호하는 것이 무엇인지 유추할 수 있다.

정보를 전달하는 교육을 예로 들어 보면 교수자 입장에서 사실적이고 현실적인 내용들을 중심으로 전달할 것인지, 아니면 가능성을 두고 미래지향적인 활용 부분에 초점을 맞춰 전달할 것인지를 결정해야 할 수 있다. 똑같은 강의안이라고 하더라도 학습자에게 전달하는 화법을 유연하게 바꿀 수 있고 돌발적인 행동을 하는 학습자가 있다면 왜 그런 행동을 하는지 알 수도 있다. 한 학습자를 소개하려고 한다. 그는 쉬는 시간에 다가오더니 "선생님, 이건 좀 아닌 거 같아요."라고 질문을 시작했다.

어떤 부분 때문에 그런지 알려달라고 하니 자신은 ENTJ 유형이 나왔는데 유형의 특징에 대해서 공감하는 부분도 있지만 아닌 부분도 있다는 것이다. 자신의 유형 설명이 실제 자신과 정확하게 맞아야 하는 것이 아니냐고 주장을 하는 것이다. 청소년 학습자들의 ENTJ 유형은 친구들 사이에서 리더 역할을 선호한다. 그래서 이렇게 질문을 했을 때는 뒤에서 다른 친구들이 바라보고 있을 가능성이 크다. 정확성에 대해서 물어본 것도 맞지만 친구들을 대표해서 이 부분에 대해 물어보고 본인의 의견이 맞는다는 것을 인정받기 위한 질문이었다. 이 학생이 질문을 한 의도를 알게 되면 다음과 같은 답변이 적절할 수 있다.

> "MBTI 유형들 중 대표적인 특징을 하나 표기한 것이고
> 선호 분명도에 따라 내가 가지고 있지 않거나
> 평소에 적게 나타나는 모습들이 적혀있을 수 있기 때문에
> 이 중에서 해당되는 나의 유형 특징에 대해
> 찾아보는 것이 필요해요."

질문을 한 학생에게 긍정적으로 인정을 하는 답변을 덧붙였다. MBTI 유형 특징에 대해 제대로 잘 보고 의견을 주었다고 했고, 역시 ENTJ답다고 칭찬을 해 주었다. 그랬더니 그 학생은 "제 말이 맞죠? 감사합니다."라고 하면서 자리로 돌아가 친구들에게 자신의 의견이 맞았음을 강조했다. 질문을 한 ENTJ 학습자는 친구들 앞에서 자신의 의견이 맞는다는 인정이 필요했던 것이다.

이런 학습자의 의도를 이해하지 못했다면 '지금 교수자인 나에게 불편하다는 의사를 표현하는 건가?'라는 식으로 왜곡해서 받아들이고 반응할 수도 있다. 하지만 MBTI 유형의 특징들을 토대로 학습자를 이해하면, 학습자가 나에게 왜 이런 질문을 하거나 태도를 보이는지 이해할 수 있기 때문에 원만한 교육 환경을 만들 수 있다.

MBTI 16가지 각 유형들의 교수자들과 학습자들은 다양한 교

육 환경에서 만날 수 있다. 각 유형들의 특징을 기준으로 어떤 유형의 교수자와 학습자의 관계가 좋거나 반대로 나쁘다고 말할 수는 없다. 그런 관점으로 MBTI를 공부하지 말고 활용하지 말자. 보는 눈을 넓게 만들어 모든 유형을 다 품을 수 있는 교수자와 학습자가 되자.

03_
MBTI와 조직 커뮤니케이션

왜 MBTI가 의사소통 분야에서 많은 관심을 받고 있을까? MBTI는 개인의 선천성과 선호도를 체크하는 도구다. 나와 다른 사람을 규정하기 위해 하는 것이 아니라 본연의 나를 제대로 아는 것을 목적으로 한다. 그래서 나로부터 시작되는 대인관계 능력을 향상시키고 의사소통 능력을 키우는 데 도움이 된다.

커뮤니케이션의 의미를 다른 시선으로 바라보자. 커뮤니케이션이란 인간으로 하여금 사회적 존재로서 살아가게 하는 도구라고 할 수 있다. 결국 우리가 관계를 맺고 있는 사람 혹은 세상과 메시지를 주고받으며 그것을 해석하는 과정인 것이다. '과정'은 명사임에도 불구하고 동사의 의미를 품고 있다. 즉, 나와 상대방을 연결하는 일련의 행위로 이해해야 한다. 상호의존적인 속성을 갖고 있다는 것을 기억해야 한다. 당연히 조직 내에서도 커뮤니케이션은 매우 중요하다.

선호도에 대한 이해

MBTI는 사람들은 저마다 다르지만 어떤 공통된 특징에 따라 묶을 수 있다는 기본 전제를 가지고, 사람들을 4가지 척도에 근거하여 16가지 성격 유형으로 분류하고 있다. 이 척도들을 통해 사람들의 다양한 행동이 우연에 의한 것이 아니라, 몇 가지 기본적인 선호 경향의 차이에서 비롯된 것임을 이해하게 된다.

Jung의 심리유형론에 의하면, 선호 경향이란 선천적으로 인간에게 잠재되어 있는 경향성을 말한다. 사람은 오른손과 왼손 양쪽 손을 다 쓸 수 있다. 그러나 오른손잡이는 오른손이 먼저 나가고, 왼손잡이는 왼손이 먼저 나간다. 사람은 자기가 편한 쪽을 먼저 사용하는 성향이 있고, 그럴 때 능률이 오른다.

이처럼 사람은 자기가 좋아하는 기능이나 태도를 먼저, 그리고 빈번하게 사용하게 되는데 MBTI는 두 가지 반대되는 성향 가운데 어떤 것을 주로 사용하는지를 알아보는 것이다. 대인관계에서 사용하는 커뮤니케이션 방법에 있어서도 개인마다 먼저 혹은 빈번하게 사용하는 스킬이 있다.

심리적 역동을 활성화시키는 커뮤니케이션 스킬

이전에 '유형역동'에 대해서 설명을 했었다.

사람들은 감각/직관, 사고/감정이라는 둘씩 짝 지어진 네 가지 심리기능을 사용한다. 둘 중에 한 가지 방향을 다른 방향보다 더 선호하며, 그 선호하는 패턴에는 특정한 질서가 있다. 이것을 '유형역동'이라 부른다.

유형역동은 특정 유형에 있어서 선호들의 상호작용을 명확하게 해주고 그런 상호작용이 행동에 영향을 끼치는 방식을 설명함으로써 유형에 대한 새로운 단계를 제공한다. 유형역동은 두 가지 방식으로 이해의 깊이를 더해 준다. 첫 번째는 주기능의 중심과 영향을 밝혀 16가지 유형 각각에 대해서 이해를 보다 완벽하고 정교하게 해 준다. 두 번째는 각각의 유형에 대해 정신기능의 가능한 사용과 발달의 순서를 제공한다. 이러한 위계는 개개인을 위한 발달 통로, 즉 의식적인 성장에 사용될 수 있는 방법을 제안하게 해 준다.

기능	감각(S), 직관(N), 사고(T), 감정(F) 인식기능 - 감각과 직관 / 판단기능 - 사고와 감정
태도	인생에 관한 네 가지 근본 지향 외향(E)과 내향(I)은 주의 방향과 에너지 흐름을 말하며, 판단(J)과 인식(P)은 외부세계를 다루는 데 있어 개인의 선호방식을 지칭한다.
주기능	기능은 유형의 중간 두 글자 중 하나에 의존한다. 이것은 선호되는 기능 중, 가장 의식적이고 발달된 기능이다. E는 외부세계, I는 내부세계에서 주기능을 사용한다.
부기능	두 번째 중요도를 보여주며, 유형의 중간 글자 중 나머지 하나에 해당한다. 인식과 판단, 외향성과 내향성 간의 균형을 유지시킨다.
3차기능	두 가지 선호 기능 중 어느 것도 아니며 네 개의 글자 유형에 포함되지 않는다. 덜 의식적이며 부기능의 반대에 해당한다.
열등기능	주기능의 반대이며 가장 덜 발달된 것이다. 융 학파의 이론에 의하면 '열등기능은 개인의 의식적인 삶에 있어 가장 무의식적이며 사용하기 가장 어려운 것과 연결되어 있다'고 한다.

조직 내 커뮤니케이션의 심리적 역동을 활성화시키기 위해 주기능을 긍정적으로 향상시키려는 노력이 필요하다.

4가지 선호지표별 커뮤니케이션 이해하기

커뮤니케이션은 사람들 사이의 관계에 있어 매우 중요하다. 우리는 매일 다양한 방식으로 다양한 사람들과 커뮤니케이션을 하고 있으며 그로 인해 관계를 잘 만들어가기도 하지만 오해의 장벽을 세우기도 한다. 처음 만난 사람인데도 대화가 잘 통하고 상대의 속마음을 쉽게 알 수 있을 때가 있을 것이다. 반대로 오래 알고 지냈음에도 불구하고 상대의 생각을 잘 모르겠고 서로 너무 안 맞는다는 생각이 들 때가 있을 것이다. 이렇듯 개인적인 관계를 넘어 조직 내 소통에 이르기까지 우리는 매우 많은 커뮤니케이션을 하며 시간을 보내고 있다. 이는 말로 의사소통을 하는 것뿐만 아니라 메신저나 이메일로 이루어지는 소통까지 포함한다.

특히 조직 내 커뮤니케이션은 내가 누군가로부터 영향을 받기도 하며 주기도 하는데, 이러한 과정은 개인에 대한 평가의 기준이 되기도 하고 성공에 이르는 중요한 열쇠가 되기도 한다. 커뮤니케이션 스타일에 있어 나는 어떤 방식으로 소통하는지, 나와 관계하는 사람들은 어떻게 같고 어떻게 다른지 MBTI의 선호지표를 통해 이해해 보자.

외향형(E)의 커뮤니케이션 스타일

외향형의 사람들은 활발하고 활기가 넘치며 열정적으로 소통하는 편이다. 의사소통 시 광범위한 정보와 피드백을 제공한다. 말을 하면서 생각을 정리하기도 하며 사람들과의 직접적인 상호작용을 선호한다. 듣는 것보다 말하는 것을 선호하며 떠오르는 생각을 즉시 공유하거나 즉각적으로 질문하기도 한다. 자유롭게 생각을 나눌 수 있는 것을 선호하며 대화 시 주제와 의견을 바꾸기도 한다. 또한 대화의 초점이 외부 세계의 사람과 일, 아이디어에 있으며, 무언가를 이해하기 위해서 다른 사람들과 이야기를 나눈다. 의사소통을 할 때는 상대와의 유대감을 원한다.

내향형(I)의 커뮤니케이션 스타일

내향형의 사람들은 조용하고 차분하며 사려 깊고 조심스럽게 반응하는 편이다. 다수보다는 소수의 사람들과 관계 맺기를 더 선호하며 대화 시 중간에 잘 끼어들지 않고 타인의 이야기를 경청하는 편이다. 자신의 생각을 깊이 숙고하는 내향형은 의사소통 시 반응하기 전에 반추하고 직접적인 소통보다 메신저나 이메일 등의 글을 통한 소통을 선호한다. 주제에 대해 깊이 있게 이해하기를 선호하며 자신의 관점을 바꾸기 위해서는 생각할 시간이 필요하다. 대화의 초점은 내면의 아이디어나 생각, 상상에 있다. 먼저 생각한 후 반응하고 행동하는 내향형에 대해서 다른 사람들은 이들의 생각을 알기 어렵다고 말을 하는 편이다. 이들은 이해하기 위해 깊이 생각하며, 의사소통 시 자율성을 원한다.

감각형(S)의 커뮤니케이션 스타일

실용적이고 현실적인 감각형의 사람들은 관찰력이 예민하고 세부적인 것을 잘 보며 현실성과 상식을 중요하게 생각한다. 경험으로부터 잘 습득하고 배우며 받아들인 정보를 즉각적인 적용 사항들과 연관시킨다. 대화 시 단계적이고 차근차근 설명하는 것을 좋아하며 사실적이며 평범한 언어를 사용한다. 다른 사람과 소통 시 세부사항이나 사실, 사례 등을 제시하는 것을 선호하며, 직접적인 경험에 근거한 정보와 이야깃거리를 제공해 전달력을 높인다. 회의 시 미리 정해진 안건을 따르는 것을 원하며 예측 가능한 것을 원한다. 실질적이며 가시적인 정보를 받아들이는 경향이 있으며 이들의 관심은 지금 바로 이곳에 있다.

직관형(N)의 커뮤니케이션 스타일

　가능성에 관심을 두고 변화와 창조를 추구하는 직관형의 사람들은 미래지향적이고 경향성과 흐름을 예측한다. 새로운 아이디어를 잘 만들어내며 받아들인 정보들을 연관시키고 통합한다. 의사소통 시 단순한 사실이 아닌 의미나 관련성을 알기 원하며 상상하고 브레인스토밍하는 것을 즐긴다. 대화 시 은유나 비유 등의 상징적인 언어를 사용하며 단계를 따르기보다 비약적으로 사고하는 편이다. 이론적인 것이나 모형, 구조의 틀을 신뢰하고 그것들을 적용하려고 애쓴다. 통찰과 유추, 상상력에 가치를 두는 이들은 너무 자세하게 설명하면 집중력을 잃기도 한다. 전반적인 개념부터 듣고자 하며 이들의 관심은 미래와 장기적인 측면, 장기적인 영향력에 초점을 둔다. 의사소통 시 상상력과 창의력을 활용해 전달력을 높인다.

사고형(T)의 커뮤니케이션 스타일

　사고형의 사람들은 침착하고 합리적이며 절제되어 있다. 분석적이고 객관적이며 원칙적이고 사고 과정이 명확하다. 어떤 사안에 대해 왜 그런지 알고 싶어 하며, 객관적으로 제시되는 정보를 선호한다. 분명하게 정의된 기준을 만들고 사용하며 정확하고 간결한 언어, 요약된 표현을 선호하는 편이다. 정보와 사물에 관심을 두는 이들은 회의 시 사람보다 과업이 우선이며 업무와 목표에 초점을 둔다. 발견된 문제를 해결하고자 하며 그것을 해결하기 위한 노력의 일환으로 다른 사람들과 그것에 대해 공유하는 편이며 이성적으로 결정한다. 공정성을 갖추려 노력하며 의사결정 시 장단점을 고려하며 제삼자의 입장을 취한다. 의사소통 시 사무적이며 비평으로 시작한다.

감정형(F)의 커뮤니케이션 스타일

감정형의 사람들은 소통의 과정에서 공감을 잘하며 그 관계를 발전시킨다. 또한 타인의 관점들을 이해하고 존중하는 태도를 갖는다. 격려와 칭찬, 즉 긍정적인 피드백을 즐기는 이들은 사람들을 지지하며 협력하는 사교적인 사람들이다. 그래서 조화로운 환경을 잘 만든다. 사람들과 대화를 할 때 개인적인 상황, 구체적인 사례를 들어 이야기를 하며 개인적으로 알아가기를 원한다. 따뜻하고 상대를 지지하며 친절한 표현을 선호한다. 상황에 따라 주관적인 신념과 가치, 분위기와 조화에 초점을 둔다. 회의 시 과업보다 사람과의 관계가 우선시 되며 상호 존중 및 수용하는 방식을 선호한다. 각 대안이 사람과 가치에 어떤 영향을 미치는지 알고 싶어 하며 논리와 객관성은 부수적인 것으로 여길 수 있다. 발견된 문제를 다루기 위한 노력의 일환으로 먼저 잘한 부분을 찾아 칭찬한다. 감정적으로 명료한 것을 추구하며 의사결정 시 가치를 고려하며 사적으로 관여한다.

판단형(J)의 커뮤니케이션 스타일

결단력이 있는 판단형의 사람들은 효율적으로 의견을 전달하며 분명한 기대와 체계적이고 짜임새 있는 시간 계획, 목표를 세운다. 정확하게 시간을 지키고 다른 사람들도 그러기를 바란다. 예측하고 미리 계획함으로써 문제를 최소화하고자 하며 일이 안정되고 정돈된 상태를 바라며 일상적인 것이 되기를 원한다. 회의 전 정보를 미리 가지고 있기를 원하며 계획된 시간 안에서 다른 사람들로부터 정보나 의견을 받기 원한다. 자신의 입장과 의견을 분명하게 표현하며 수행해야 할 과업 완료에 집중한다. 갑작스러운 돌발 상황을 원치 않는 판단형은 신속하게 계획이나 결정을 이행하며 결론을 도출한다. 반복되는 일상 업무가 효율적이라 생각하며 계획을 신뢰한다. 의사소통 시 이야기가 곁길로 새는 것을 싫어하며 주로 '결론이 났다', '결정되었다', '계획되었다'라는 표현을 사용한다.

인식형(P)의 커뮤니케이션 스타일

융통성 있는 인식형의 사람들은 필요에 따라 상황에 잘 대응하고 적응하는 편이다. 새로운 정보에 열려 있으며 변화에 대한 접근을 쉽게 받아들인다. 의사 결정 과정에 있어서 많은 자료와 아이디어를 포함하며 결정을 연기하거나 변화 가능한 잠정적인 결정을 할 수도 있다. 유연하고 즉흥적이며 구조화되지 않은 의

사소통 방식을 선호하며 예기치 않은 요구나 기회에 반응한다. 의사소통 시 질문을 하고 선택과 기회에 관해 듣기를 원하며, 결론적인 언어보다 중도에 변경 가능한 언어를 선호한다. 과업의 일정에 있어 논의는 하지만 엄격한 마감 일정이나 스케줄에 대한 거부감이 있을 수 있다. 문제가 생기면 그때그때 해결하려고 하며 회의 시 이미 지나온 과정에 집중한다. 무슨 일이 생길지 기대하는 이들은 예상치 못한 상황도 잘 즐기는 편이다. 반복적인 일상 업무가 제한적이라 생각하며 과정을 신뢰한다. 의사소통 시 이야기가 곁길로 새는 것을 흥미로워하며 주로 '어쩌면', '아마도', '~하는 경향이 있다'라는 표현을 사용한다.

반대 선호지표와 커뮤니케이션할 때

일반적으로 자기탐색이 끝나고 나면 상대의 성격을 조심스레 추측하게 된다. 나름대로 '아, 저 사람은 나와 정반대인 것 같아!' 혹은 '저 사람은 어느 정도 나와 비슷한 것 같아!'와 같은 판단을 하게 된다. 처음에는 '나와 다를 수도 있지!'라고 여기다가, 시간이 흐르면서 상대가 나를 지적하는 상황이 자주 발생하다 보면 어딘지 불편하고 서로 맞추려는 노력보다는 거리를 두게 되면서 불편해지는 상황을 마주하게 된다.

MBTI의 관점에서 해석하자면, 나와 타인과의 오해는 서로 다른 정보의 인식과 판단에서 오는 것이다. 그렇기 때문에 반대 선호와의 효율적 상호작용을 이해하는 것은 커뮤니케이션에서 아주 중요한 요소이다.

내향형이 외향형과 소통할 때 (I → E)

내향형은 외향형과 대화할 때, 특히 중요한 이야기를 해야 할 때는 힘 있게, 열정적으로 하는 노력이 필요하다. 너무 뜸 들이는 태도는 줄일 필요가 있다. 또한 외향형이 생각을 말로 표현할 수 있도록 허용해야 한다. 내향형은 외향형의 말에 늦게 답변하거나 너무 생각만 깊게 하는 모습을 보여줄 수 있는데, 외향형은 그런 내향형의 모습에 대해서 오해할 수 있다.

외향형이 내향형과 소통할 때 (E → I)

외향형의 커뮤니케이션 스타일을 내향형이 부담스러워할 수 있다는 것을 알아야 한다. 내향형은 외향형의 풍부한 표현과 활력이 넘치는 모습에 대해서 어떻게 대처를 해야 할지 모를 수 있다. 내향형에게 질문을 할 때는 즉각적인 반응과 답변을 기대하는 것보다 생각할 시간을 주고 여유 있게 기다려주는 것이 필요하다. 또한 내향형이 외향형을 믿고 친구가 되는데 어느 정도의 시간이 필요하다는 것을 기억하자.

직관형이 감각형과 소통할 때 (N → S)

직관형이 감각형과 대화할 때는 어떤 사실에 대해서 설명을 할 때는 명료하고, 직접적으로, 일정한 기준에 맞춰 이야기를 할 필요가 있다. 많은 정보를 주지 말고 해결해야 하는 문제를 구체적이고 직접적으로 이야기하는 것이 더 좋다. 예를 들어, 프로젝트의 가치를 이야기하려면 일의 현실성과 실제적 효과를 보여주고 그와 유사한 예를 함께 설명하면 효과적이다. 변화를 시도하기 위해서는 그 변화가 기존의 방식에서 조금 바뀌어 온 것이지 전면적인 변화가 아니라는 것을 알려줄 필요가 있다.

감각형이 직관형과 소통할 때 (S → N)

감각형은 가능한 한 직관형의 창조적 상상력을 높이 평가해 주면 더 나은 소통이 가능하다. 지금 당면한 과제에 참여하게 하려면 이 일이 앞으로 얼마나 큰 가능성이 있는 일인지 생각할 수 있도록 돕는 것이 필요하다. 단순히 사실만 나열해서는 안 된다.

감정형이 사고형과 소통할 때 (F → T)

감정형은 사고형과 의사소통할 때 침착하고 객관적인 자세를 보여줄 필요가 있다. 감정 표현이 많아질수록 사고형은 객관적 판단의 근거를 요구하게 된다. 사고형이라고 무조건 감정 표현을 인지하지 못하는 것은 아니지만 사고형은 실제적인 방법으로 보이는 사람을 더 잘 이해한다. 감정형이 사고형과 대화할 때는 자신의 감정도 그들의 사고만큼 비중 있는 하나의 현실임을 이야기해주는 것이 필요하다.

사고형이 감정형과 소통할 때 (T → F)

사고형은 감정형과 의사소통을 할 때 용건으로 바로 들어가는 것보다 먼저 인간관계를 형성하는 것이 필요하다. 감정형에게 라포 형성은 매우 중요하다는 것을 알아야 한다. 사려 깊고 정서적으로 대하려고 노력하는 것이 좋다. 적절한 칭찬을 하는 것도 도움이 된다. 반대로 비판은 직설적으로 하는 것보다 부드럽게 하는 것이 좋다. 감정형에게 있어 의사소통은 단순하게 정보를 나누는 것이 아니라 마음을 나누고 관계를 만드는 것이기 때문이다.

인식형이 판단형과 소통할 때 (P → J)

인식형은 판단형과 대화하기 전에 의사결정을 할 준비를 하고 있을 필요가 있다. 판단형과 업무를 수행하다가 일정을 변경해야 할 상황이 벌어지면 반드시 곧바로 알려 주는 것이 좋다. 그들은 다가올 상황에 대해 사전에 알기를 원하고 미리 준비하는 것을 선호하기 때문이다.

판단형이 인식형과 소통할 때 (J → P)

판단형은 인식형과 일정을 정할 때 항상 여유 있게 시간 배정을 할 필요가 있다. 왜냐하면 인식형은 상황 변화에 따라 유연성 있게 대처하는 것을 선호하기 때문이다. 업무 또는 프로젝트의 마지막 시점에서도 변경이 가능할 수 있다는 것을 예상해야 한다. 그런 변수를 수용하는 분위기에서 의사결정을 하려고 노력하면 더 나은 소통이 가능하다.

성격 유형별 조직 내 커뮤니케이션 스타일

각 유형별로 의사소통 능력이 상호 간 어떤 영향력을 주고받는지 아는 것은 매우 중요하며 특히 조직에서는 필수적으로 알고 있어야 하는 지식과 정보라고 할 수 있다. 유형과 조직에 따라서 팀원들에게 긍정적으로 영향을 미칠지 아니면 반대로 부정의 영향을 미칠지 이해하고 미리 예상을 하면 많은 갈등을 예방하고 해결할 수 있다. 각 유형들이 팀 내에서 어떤 상황들을 보여줄 수 있는지 살펴보자.

01 - ISTJ

팀에 기여	분명하고 이해하기 쉬운 단어로 정보를 분류한다. 세부사항과 현실적인 태도를 바탕으로 논리적 주장을 잘 한다.
팀원이 불편한 상황	진행과정이 마무리되어갈 때까지 견해를 밝히지 않는다. 대인관계에서 필요한 미묘한 차이나 감성을 중요하게 생각하지 못한다.
불화를 야기	말하는 도중에 잘 끼어들고 너무 말이 많아 불편을 야기할 수 있다. 업무와 관련이 없는 개인적이거나 추상적인 문제를 이야기하면서 팀 전체의 시간을 낭비한다.
효율을 높이려는 노력	팀원들에게 일의 진행 상황이나 결과를 계속해서 알리자. 인간적 요소를 고려하고 적절하게 감사함을 표현해야 한다.

02 - ISFJ

팀에 기여	다른 사람들의 요구 사항을 주의 깊게 듣고 잘 공감한다.
팀원이 불편한 상황	본인의 아이디어를 적극 지지하지 않는다. 사실 정보와 세부사항에 지나치게 집중한다.
불화를 야기	논의 주제에서 벗어나거나 이해하지 못하는 경우 말이 너무 많고 이야기 도중 너무 많은 아이디어를 내놓는 팀원과 충돌할 수 있다.
효율을 높이려는 노력	다른 사람들에게 나의 신념을 이야기하자. 문제나 계획이 가져올 영향을 더 넓게 검토해 보아야 한다.

03 - ESTP

팀에 기여	열정적이며 논리적이다. 다른 사람들의 제안을 일방적으로 판단하지 않는다.
팀원이 불편한 상황	임기응변에 너무 의존한다. 다른 사람들에게 부정적 상황을 만들 수 있다는 상황임을 고려하지 않고 의견을 말한다.
불화를 야기	너무 부정적이거나 신중한 팀원과 부딪힐 수 있다.
효율을 높이려는 노력	대화 내용을 사전에 준비하자. 말하기 전 내 말이 다른 사람들에게 미칠 영향을 검토하는 연습이 필요하다.

04 - ESFP

팀에 기여	경직된 분위기를 부드럽게 만들어 즐거움을 유지시킨다. 의사소통과 상호 교류를 적극적으로 유도한다.
팀원이 불편한 상황	농담을 너무 많이 해서 진지해 보이지 않는다. 쉽게 산만해지거나 지루해 한다.
불화를 야기	문제를 추상적으로 논의하거나 무례한 태도를 보이는 경우 충돌할 수 있다.
효율을 높이려는 노력	타인은 농담을 경솔하게 볼 수 있다는 것을 이해하자. 지루함을 극복하기 위해 농담보다는 진지한 상호 교류를 시도하자.

05 - INFJ

팀에 기여	팀의 가치와 비전을 분명하게 설명한다. 사람들을 위한 창의적이고 혁신적인 아이디어를 제시한다.
팀원이 불편한 상황	지나치게 복잡하거나 비유적인 방식으로 이야기한다. 자신의 견해 중 팀원들에게 비판적으로 보일 수 있는 내용은 잘 전달하지 않는다.
불화를 야기	중요 안건을 가벼운 수다로 여기거나 경솔하고 사려가 깊지 못하며 무례한 발언을 하는 경우 충돌할 수 있다.
효율을 높이려는 노력	나의 생각을 가능한 많은 사람들과 나누고, 다양한 피드백을 수용해야 한다. 나와 다른 관점을 받아들이고, 협력할 수 있는 기회를 만드는 것이 필요하다.

06 - INTJ

팀에 기여	조용하지만 결단력이 있다. 효율을 추구하는 업무 지향적인 스타일이다. 비전을 제시하고 혁신적이며 다양한 해결책을 제시한다.
팀원이 불편한 상황	생각을 이야기하지 않고 바로 실행을 하기 때문에 팀원들의 필요를 모를 수 있다. 나의 생각과 비전, 통찰을 이해하지 못하는 팀원에게 불편함을 느낀다.
불화를 야기	비판적으로 분석하고 질문하며, 무언가 수용하기 전에 이의 제기를 하면서 문제가 발생하기도 한다.
효율을 높이려는 노력	실행하기 전 계획에 대한 다른 사람들의 조언을 구하자. 간단한 설명으로 모두가 이해했음을 확인해야 한다. 자신의 아이디어를 설명할 때 구체적인 표현을 쓰자.

07 - ENFP

팀에 기여	사교적이고 열정적이며, 다른 사람들을 격려하고 설득한다. 사람들의 가능성을 향상시키기 위한 방법을 찾고 아이디어 공유한다.
팀원이 불편한 상황	말이 너무 많으며 이야기 도중에 많은 아이디어를 제시한다. 충동적인 자신의 계획을 따르도록 타인을 설득한다.
불화를 야기	가능성보다 세부 사항에 너무 집중하는 경우 충돌이 생길 수 있고, 개인적 관심의 모습은 격려보다는 참견으로 오해받을 수 있다.
효율을 높이려는 노력	말은 더 적게, 생각은 더 많이 하자. 모든 사람들이 자아성장이라는 개념에 의해 동기부여가 된다고 생각하지 말자. 이러한 자아성장이 어떻게 성과를 촉진시키는지를 보여주어야 한다. 프로젝트의 마무리는 확실하게 하자.

08 - ENTP

팀에 기여	팀원들의 견해를 분석하고 종합한다. 문제를 가능성으로 보고 그 연관성을 탐색하며, 아이디어를 통합하는 것에 능숙하다.
팀원이 불편한 상황	다른 사람들로부터 주의를 끌기 위해서 대화를 독점한다. 경쟁적이고 타인의 공을 인정하지 않으려고 한다. 반복을 싫어하고, 세부사항에 대해서 설명하는 것을 좋아하지 않는다.
불화를 야기	세부 사항을 과도하게 제공하거나 다른 사람들의 마음을 끌 수 있게 만들기 위한 노력을 전혀 하지 않는 경우 문제가 발생할 수 있다.
효율을 높이려는 노력	논리적이거나 객관적인 방식으로만 분석하기 보다, 개인적인 측면에서도 이해하려고 노력하자. 타인을 존중하고 있고, 긍정적인 피드백을 하자.

09 - ISTP

팀에 기여	폭넓은 정보를 확보하며 현재 상황의 특징을 신중하고 정확하게 설명한다.
팀원이 불편한 상황	너무 따진다는 느낌과 까다로운 태도를 보여준다. 본인의 생각을 팀원들과 공유하지 않아 무관심한 것처럼 보이기도 한다.
불화를 야기	개인적 가치와 감정에 대해 공유하기를 요구받거나 현실에 도움이 되지 않는 이론적 토론을 벌이는 경우 불화를 겪을 수 있다.
효율을 높이려는 노력	어떤 세부사항이 정말 중요한 것인지 알기 위한 큰 그림을 그려보자. 문제에 대한 의견을 표현함으로 자신이 그 문제에 관심이 있다는 것을 나타내야 한다.

10 - INTP

팀에 기여	논제를 잘 파악하여 자원으로 활용한다. 주의 깊게 경청하고 문제의 핵심 파악할 수 있는 능력이 있다. 체계적인 사고를 하며, 복잡한 모형과 구조를 잘 만든다.
팀원이 불편한 상황	토론을 지나치게 논리적으로 분석하고 추상적인 언어로 말한다. 타인의 결점을 찾아내는 것을 즐기는 것처럼 보인다.
불화를 야기	관행적인 주장을 하고, 서두 인사말이나 잡담이 너무 많아 문제가 발생할 수 있다.
효율을 높이려는 노력	구체적인 용어로 설명하려는 노력을 해야 한다. 비판적 태도가 타인에게 상처가 될 수 있음을 인지하고 비판을 줄이려는 노력을 하자. 나의 감정과 관점을 타인에게 공유하려고 노력하자.

11 - ESTJ

팀에 기여	본인의 생각을 단도직입적이고 간단명료하게 말한다. 실질적이고 현실적이며 결과 지향적인 것에 집중한다.
팀원이 불편한 상황	너무 직설적이고 단호하다. 요점을 이야기하기 위해 인사말을 생략하거나 팀원들을 소홀히 대할 수 있다.
불화를 야기	장황하고 난해하게 토론을 이끌어가거나 참여하는 팀원들과 충돌할 수 있다.
효율을 높이려는 노력	사교적인 면을 키우자. 대인관계에서 섬세한 태도로 타인과 관계를 맺는 것이 중요하다는 것을 인지하자. 인내심 또한 필요하다.

12 - ENTJ

팀에 기여	논의가 분명해지도록 이끌어 방향을 제시한다. 자신의 생각을 분명하게 표현한다.
팀원이 불편한 상황	지나치게 비판적이고 대립적이다. 말이 너무 많고 대화를 독점하려고 한다.
불화를 야기	이미 명료해진 것을 계속 논의하거나 감정을 이야기하는 데 너무 많은 시간을 쏟는 사람과 갈등이 생긴다.
효율을 높이려는 노력	사교적인 면을 배울 수 있도록 노력하자. 모든 사람들의 다양한 가능성을 이야기할 수 있도록 기꺼이 자신의 발언권을 양보할 수 있어야 한다.

13 - ISFP

팀에 기여	사람들이 지지 받고 있다고 느끼도록 언제 어떤 말이나 행동이 필요한지 잘 알고 있다. 구체적이고 현실적이며 정확한 정보를 제공한다.
팀원이 불편한 상황	목소리를 내서 자신의 생각을 표현하는 것을 주저한다. 현재의 세부사항에 몰두해서 장기적 영향력을 놓친다.
불화를 야기	함께 일하는 팀원이 말이 너무 많거나 다른 사람이 의견을 말할 기회를 주지 않는 경우 충돌할 수 있다.
효율을 높이려는 노력	자신이 속한 팀이 ISFP의 관점까지도 확보할 수 있도록 본인의 생각을 공유하도록 한다. 현재의 사실이 미래에 어떤 의미를 지닐지 생각해 보는 시간이 필요하다.

14 - INFP

팀에 기여	친절하며 배려심이 있고 타인에게 도움을 준다. 다양한 선택지를 탐색하며 혁신적이다. 장기적인 해결을 위해서 기회를 찾으려고 한다.
팀원이 불편한 상황	팀 중심이기보다는 개인적으로 사람들과 어울리는 시간이 많다. 추상적이고 복잡한 이론적인 문제를 지나치게 깊게 파고든다.
불화를 야기	강압적이고 지배적인 경우 대화의 초점을 지나치게 좁고 구체적인 것에 맞출 때 충돌하게 된다.
효율을 높이려는 노력	개인을 위한 목표가 아닌 팀의 성공을 위한 객관적인 목표라 할지라도 개인들의 생각이나 요구와 맞을 수 있다는 것을 알자. 갈등을 피하지 말고 직면하거나 해결하고자 노력을 해 부정적인 감정이 쌓이지 않도록 노력하자.

15 - ESFJ

팀에 기여	다른 사람들의 의견을 요청하고 아이디어를 수용한다. 업무의 순조로운 진행을 위해 순차적이고 체계적인 상세 정보를 제공한다.
팀원이 불편한 상황	세부 사항에 집중하여 전체적인 주제 파악이 힘들 수 있다. 다른 사람에게 무엇이 필요한지 안다고 속단하거나 간섭을 한다.
불화를 야기	비판적으로 흠을 잡는 경우에 문제가 발생한다. 말하는 도중에 끼어들거나 배려하지 않는 경우 충돌할 수 있다.
효율을 높이려는 노력	세세한 정보에 집중하기보다는 큰 틀에서의 패턴과 의미를 바라보자. 다른 사람들이 스스로 결론을 내릴 수 있게 거리를 두자.

16 - ENFJ

팀에 기여	설명, 협력, 협조를 통해 합의를 이뤄낸다. 모두의 목소리를 들을 수 있도록 의견을 구한다. 비전과 전략적인 계획, 다른 사람들의 필요를 적절하게 조절한다.
팀원이 불편한 상황	개인적인 문제를 이야기하는데 너무 많은 시간을 쓴다. 충성심이나 화합을 유지할 수 없다면 반대되는 의견을 내지 않으려고 한다.
불화를 야기	지나치게 회의적이거나 비판적인 경우 충돌하게 된다. 너무 열정적이고 감정적인 모습이 다른 사람들을 당황하게 할 수 있다.
효율을 높이려는 노력	자신의 의견에 동의하지 않는 것에 대해서 존중하지 않는다는 의미로 받아들이지 말자. 그런 의견도 도움이 될 수 있음을 이해해야 한다.

커뮤니케이션은 지속적인 노력과 관심이 필요하다. 조직에서 서로의 성장을 위한 커뮤니케이션은 결국 타인의 타고난 기질과 선호도의 차이를 이해하고 받아들이는 일련의 과정을 통해 정제되고 다듬어질 수 있다. '나는 E형이니까 I형인 너와 맞지 않아'의 태도는 버려야 한다. 계속 잘못된 생각과 관행적인 해석에 머물러 있다면 개인은 성장할 수 없고 조직도 성장할 수 없음을 기억해야 한다.

MBTI를 효과적으로 적용하기 위한 노력

효과적인 의사소통은 자신을 잘 표현하며, 다른 사람의 생각과 관점을 이해하는 데 많은 도움이 된다. 또한 갈등 상황에서 분쟁보다는 해결을, 일방적이기보다는 경청의 여유를 가질 수 있게 된다.

의사소통을 잘하기 위해 하지 말아야 하는 태도

사람들은 자기를 표현하고, 누군가의 이야기를 듣고 공감하는

데 다양한 차이를 갖고 있다. 그렇기 때문에 나와 같은 방법으로 타인이 의사소통할 것이라는 기대는 금물이다. 나와 다른 사람들과 의사소통한다는 것은 다양한 종류의 많은 정보를 다른 방법으로 제시할 수 있다는 것을 의미한다.

어떤 사람들은 사적인 이야기에 흥미를 느끼는 반면, 어떤 사람들은 논리에 의해 설득된다. 어떤 사람들은 결론을 원하고 그 방법에 열정을 나타내지만, 어떤 사람들은 다양한 선택지를 탐색하고 가능성을 찾기를 원하기도 한다. 차분하고 이성적인 의사소통을 선호하는 사람이 있고, 열정적인 의사소통을 선호하는 사람이 있다. 우호적 관계를 만드는 의사소통이란 결국 내 스타일을 강요하는 것이 아니라 상황에 맞게 상대에 맞게 성향을 이해해서 소통 스타일을 맞추는 과정임을 이해해야 한다.

서로에게 시너지를 낼 수 있는 피드백

피드백에서 중요한 것은 피드백을 주도하는데 어떤 방식을 선호하는가를 아는 것이다. 한 가지 중요한 차이는 사고와 감정에서 오는 차이이다. 사고형은 잘못을 지적하는 피드백을 쉽게 하는 경향이 있고 감정형은 긍정적인 피드백을 더 편안하게 여긴다. 그런데 나의 성향에 맞추어 내 기준의 피드백만 매번 한다면 피드백의 효과는 떨어질 수밖에 없다. 우리의 일터에서는 긍정/부정의 피드백 모두가 필요하다. 나와 다른 성격 유형의 사람들에게 긍정적 평가를 하기 위해서는 인간관계와 더불어 세부 사항이나 역량, 그리고 결과를 더 강조해야 한다. 비판과 잘못을 지적하는 피드백은 때로는 행동을 변화시키는 데 아주 중요한 역할을 하기 때문에 머뭇거리거나 모른 척하는 것이 더 문제가 될 수 있다.

기억해야 하는 것은 피드백은 칭찬을 먼저 한 후, 부족한 점을 이야기해야 자연스럽게 행동의 변화가 시작된다는 것이다. '난, 칭찬이 좀 어색해', '칭찬을 하면 오히려 너무 으스대는 것 같아 별로야' 혹시 이런 생각에 사로잡혀 있다면 지금 당장 생각을 바꿔야 한다. 나와 타인의 성장을 위한 노력은 '가식'이 아니라 '배려'이다. 특히 조직 내 구성원들 간의 커뮤니케이션에서 피드백은 개인 및 조직의 성장에 매우 중요하다.

의사소통을 위한 조언들

01 - ISTJ 논리적인 적응자

실용적이고 업무 중심적인 자신의 성향을 조직 구성원들의 욕구와 상황을 배려하며 조화를 이루는 것이 필요하다. 피드백을 줄 때 상대의 약점을 지적하는 피드백에 치우치지 말고 상대의 감정을 배려해야 한다. 설령 다른 사람의 관점이 비합리적으로 보일지라도 열린 마음으로 경청해야 한다. 새로운 정보를 내가 이미 알고 있는 것과 연계해서 생각하자. 다른 사람의 새로운 정보와 생각을 꺼리지 말자. 관행적으로 생각하면 관행적으로 행동한다. 정보를 정리한 후 더 큰 그림과 연관을 지어 생각해 보자. 현실에 안주하지 말고 더 큰 미래를 전망해 보자. 타인과 사적인 정보의 공유가 필요할 때 마음을 열어 보자. 해결책을 주려고 하지 말고 공감을 해주자. 업무상 갈등 상황이나 개인적 문제를 다루는 데 시간을 투자하자. 나의 감정을 표현하고 공유하자.

02 – ISFJ 배려하는 적응자

나의 욕구를 타인에게 표현하고, 거절이 필요할 때는 당당하게 "아니오"라고 이야기한다. 나를 직접적으로 표현해 보자. 나의 관념을 논리적이고 합리적인 방식으로 제시하고, 피드백을 지나치게 개인적인 비판으로 받아들이지 말자. 나의 미래에 초점을 맞추려고 애쓰자. 진행 과정에 대해 장기적인 발전을 고려해서 나의 관점을 넓히자. 부정적인 피드백을 받았을 때, 상황을 개인적으로 반응하지 말고 전체적으로 이해하려고 노력하자. 새로운 아이디어와 가능성에 열린 마음을 갖자. 계획이 중단되거나 변화된다는 것 자체가 하나의 현실적인 사실임을 기억하자. 자신의 성취나 아이디어를 다른 사람에게 알리려고 해야 한다. 그렇지 않으면 내가 받을 정당한 보상과 기회를 놓칠 수 있다.

03 - ESTP 논리적인 출동가

나에게 너무 객관적이고 거리감 있게 느끼거나 인간미가 없어 보이는지 체크해 볼 필요가 있다. 타인을 분석하기보다 개인적인 상황을 이해하려고 노력해 보자. 함께 일하는 다른 사람들의 욕구와 상황을 함께 배려할 필요가 있다. 업무 중일지라도 갈등 해결이나 개인적 문제를 다루는 데 시간을 투자할 필요가 있다. 문제의 근본을 파악하려고 노력해 보자. 혹시 싫증을 느껴 일을 마무리하지 못했는가? 완성 여부를 미리 계획하고 임기응변으로 문제를 처리하지 않도록 노력하자. 타인을 존중하고 있음을 티를 내자. 상대의 약점을 지적하고 교정하는 피드백에 집중하지 말고 긍정적인 피드백을 통한 상대의 감정적인 부분을 챙기고 배려해야 한다. 나의 의사소통 방식이 타인에게 불편할 수 있음을 인지하자. 나의 실용적이고 즉각적인 해결책들을 장기적인 관점에서 고려할 필요가 있다.

04 - ESFP 배려하는 출동가

다른 사람들이 나처럼 세상을 긍정적이고 낙천적이며 즐긴다고 생각하지 말자. 구체적인 목표를 세우고 유지할 수 있도록 애써야 한다. 추상적인 개념이나 논의를 무조건 배척하지 말자. 논리적이고 함축적인 관점이 나의 성장에 도움이 된다. 자칫 나의 자유로운 행동이 권위에 대한 도전으로 오해받을 수 있다.

이럴 때 다른 사람들에게 문제 해결의 실용적이고 융통성 있는 것을 이해할 수 있게 설명해 줄 필요가 있다. 나의 자유로운 생각과 행동이 진지한 토론에서는 타인에게 부담이 되거나 불쾌할 수 있다. 객관성을 개발하고 피드백을 받아들이기 위한 시간이 필요하다. 타인의 피드백을 나에 대한 비판으로 여기지 않도록 조심해야 한다.

05 - INFJ 배려하는 전망자

타인의 필요뿐 아니라 나의 필요를 채울 수 있는 것도 기억하자. 상황에 따라 도움을 요청해야 할 때는 주저함이 없이 도움을 요청해 보자. 과도하게 감정적이거나 열정적이고 도덕주의적인 방법으로 내 생각을 제시하지 말자. 구체적인 언어로 내 생각을 설명하고, 현시점에서 적용할 수 있는 것들을 공유하자. 잘못을 지적하는 피드백을 어렵게 생각하지 말자. 사람들은 자신의 성장을 위해 이러한 피드백이 필요하다. 그리고 내가 이런 피드백을 받았을 때 개인적인 공격으로 받아들이지 말고 겸허하게 수용하자. 내 생각을 가능한 많은 사람과 나누고, 여러 가지 피드백을 통합할 필요가 있다. 서로 다른 관점들을 받아들이고, 협력과 협조를 늘 기억하자.

06 - INTJ 논리적인 전망자

나의 생각을 타인과 공유하며 피드백을 통합해야 한다. 나의 아이디어를 설명할 때 구체적이고 실용적인 연관성을 제한다. 장황하거나 추상적인 것으로 논쟁하지 말자. 피드백을 줄 때 타인의 반응을 미리 생각해 볼 필요가 있다. 특히 감정형의 사람들과 일할 때는 잘못을 지적하는 피드백보다는 긍정적인 피드백을 먼저 하고 나중에 문제 해결을 위한 피드백을 주는 것이 효과적이다. 늘 개념적으로 분석하지 말고 개인적인 상황을 이해하려고 노력해야 한다. 나의 감정과 관점을 표현하려고 노력하자.

07 - ENFP 배려하는 탐험가

누구에게는 개인적인 관심을 격려보다 참견으로 생각할 수 있음을 기억하자. 지나치게 참견하는 것처럼 보이거나 비능률적으로 보이지 않기 위해, 물러나야 할 때가 언제인지 배울 필요가 있다. 나의 아이디어의 근거가 무엇이고, 설명할 수 있는 정보를 제시해야 한다. 다른 사람들은 나의 혁신적인 아이디어의 기초가 되는 논리와 세부 사항을 궁금해한다. 어떤 사람들은 열정적이고 에너지가 넘치는 설득을 신뢰하지 않는다. 내성적이고 조용하며, 회의적인 사람들에게 정보와 아이디어를 제시할 때는 속도를 낮추고 에너지를 적절하게 사용해야 한다. 피드백을 개인적인 비판으로 받아들이지 말자. 아이디어를 개념화하고 이행하는 것도 중요하지만 과업을 끝내거나 마무리하는 것도 확실하게 해야 한다. 프로젝트를 완성하지 않은 채 변경하지 않도록 노력하자.

08 - ENTP 논리적인 탐험가

모든 사람이 아이디어에 대해 비평하고 논쟁하는 것을 좋아하지 않음을 꼭 기억하자. 누구에게는 비평과 논쟁의 피드백을 개인적인 공격으로 해석할 수 있음을 알 필요가 있다. 상황을 논리적이고 객관적인 방식으로만 분석하지 말고 개인적인 측면에서도 이해하려고 노력해야 한다. 세부 사항, 단기적인 의미, 실용적인 현실 상황에도 관심을 두고 논의하려고 노력해야 한다. 자신의 관점을 충분히 구체적으로 공유함으로써 다른 사람들이 계획한 과정에 참여할 수 있도록 해 보자. 타인을 존중하고 긍정적인 피드백을 하고 격려해주고 있음을 보여줄 필요가 있다. 이런 행동들을 비논리적이고 쓸데없는 일로 여기지 말자. 타인을 비판하지 말고, 타인의 감정을 배려할 필요가 있다. 특히 감정형의 사람들과 일할 때, 약점을 지적하고 수정하는 피드백보다는 긍정적인 피드백을 통해 그들의 감정적인 측면을 배려하는 것이 좋다.

09 - ISTP 실용적인 분석가

공감을 보여주거나 개인적인 정보를 나누는 데 노력해야 한다. 어떤 사람들에게는 인간미가 부족하다고 느낄 수 있다. 때문에 공감 능력을 키우는 데 큰 노력을 기울여 보자. 타인을 분석하기보다 개인적인 상황을 이해하려고 노력해야 한다. 실용적이고 업무에 초점을 맞춘 접근 방식과 개인적인 상황과 필요를 배려하는 면 사이에 균형을 유지해 보자. 내가 타인의 생각을 지지하고 있고, 긍정적인 피드백과 격려를 제공하고 있다는 것을 표현해야 한다. 특히 감정형의 사람들은 이것에 감사하게 생각하고 나와 더욱 효과적으로 일하고자 노력할 수 있다. 부정적 피드백을 줄 때는 상대의 감정을 배려할 필요가 있다. 감정형의 사람들과 일할 때는 긍정적인 피드백을 통해 그들의 감정을 배려하고 있음을 느끼게 해야 한다. 다른 사람들은 인정되고 표준화된 절차를 원한다는 것을 기억해야 한다. 단계를 뛰어넘고 절차를 수정하기 전에 중요한 사항이 빠지지 않았는지를 확인하고 검토해 보자.

10 - INTP 통찰력 있는 분석가

함께 일하는 사람들과의 관계에서 조화가 필요하다는 것을 항시 기억해야 한다. 그래서 자신이 무뚝뚝하고 인간미 없어 보이지는 않는지 신경을 쓸 필요가 있다. 논리적이거나 비인간적인 방식으로 상황을 분석하기보다는 개인적인 상황을 이해하려고 노력하자. 나의 감정을 표현하고 나의 관점을 공유하려고 애쓸 필요가 있다. 세부적인 사항, 단기적인 의미, 실용적인 현실 상황에도 관심을 기울여야 한다. 모두가 아이디어에 대해 비판하고 논쟁하는 것을 편하게 수용하지 않는다는 것을 기억하자. 누구에게는 비판과 논쟁을 개인적으로 자신의 관점을 거부하는 것으로 해석될 수 있다. 감정형의 사람들과 일을 할 때는 긍정적인 피드백을 통해 감정을 배려해야 한다. 의사결정을 내리고 나의 아이디어를 중도 변경하지 말고 끝까지 수행해 보는 것이 중요하다.

11 – ESTJ 실용적인 추진자

책임감이 크기 때문에 때때로 과도하게 일 중심적일 수 있다. 가능하면 추가적인 역할을 맡지 않도록 해 보자. 흑백논리로 사물을 보는 경향이 있어서 모호하거나 변화가 필요한 상황을 불편하게 여길 수 있다. 그러나 빠르게 변화하는 업무환경에서 불가피한 변화가 발생할 수 있음을 수용해야 한다. 이상적이고 장기적인 해결책은 실행하는 데 많은 시간이 필요하지만 궁극적으로는 더 큰 수익을 올릴 수 있음을 기억해야 한다. 편의성과 효율성이 늘 효과적인 결과를 가져다주지는 않는다. 시스템을 점진적으로 변화시키고, 새로운 정보를 받아들여 적용하는 것이 현재의 것들을 보존하고 잘 진행하는 방안임을 기억해야 한다. 큰 기준에 영향을 주지 않는 한, 규율과 절차의 수정을 수용해 보자. 나와 다른 업무 스타일이나 의사소통 방식에 대해 인내심을 키울 필요가 있다. 변화하는 조직의 시스템 안에서 나의 분명한 역할과 책임을 정의하고 팀과 공유하고 확인해야 한다.

12 - ENTJ 통찰력 있는 추진자

다른 유형의 사람들은 업무상에서 지시를 받는 것보다 서로 협동하고 협조하는 방식을 통해 더 나은 업무 성취를 선호한다는 것을 기억해야 한다. 너무 빠른 결정으로 인해 잘못된 방향으로 움직일 수 있다. 새 정보에 익숙해지게 결정을 내리기 전에 모든 가능성을 타진해 보려는 자세가 필요하다. 나의 아이디어를 설명할 때 너무 장황하거나 추상적인 면을 논하지 말고, 구체적이면서 실용적인 연관성을 제시해야 한다. 정보를 평가할 때 상황, 개인적인 요소들을 고려할 필요가 있다. 감정형의 사람들과 일을 할 때는 부정적 피드백보다 긍정적 피드백을 통해 상대를 배려하고 있음을 표현해야 한다. 해결책을 제시하기보다는 공감하는 마음으로 이야기를 들으려고 해야 한다. 나와 다른 업무 스타일, 의사소통 방식에 참을성을 갖고 화합을 하려고 시도해 보자. 모든 사람이 나처럼 빠른 결단력을 갖고 있다고 착각하지 말자. 어떤 사람들은 신중하고 느린 방식을 통해 더 많은 결과물을 만들기도 한다.

13 - ISFP 실제적인 격려자

타인의 필요뿐 아니라 나의 필요를 충족시키는 것에도 관심을 두자. 부가적인 책임을 지는 것에 대해 "아니오"라고 이야기할 필요가 있다. 현실적인 해결책뿐만 아니라 문제의 근본 원인을 생각해야 한다. 알아서 나를 이해해 줄 거라고 생각하기보다는 나를 직접적으로 표현하는 것이 매우 중요하다. 나의 관점을 타인에게 논리적이고 객관적인 방식으로 제시하자. 그러면 타인은 나의 관점을 이해하고 존중하게 될 것이다. 또한 자기 발전을 위해 건설적인 피드백을 제공할 필요가 있다. 타인의 피드백을 개인적인 공격으로 받아들여서는 안 된다. 타인에게 나의 업적을 이야기하는 것이 좋을 수 있다. 그렇지 않으면 마땅히 받아야 하는 기회나 보상을 놓칠 수도 있다. 대인 관계에서 벌어지는 문제와 갈등을 해결하기 위해서 노력해야 한다. 단기적으로는 갈등을 피하는 것이 쉽겠지만, 장기적으로는 그 갈등을 방치하는 것이며 불편한 상황은 계속 지속될 수 있음을 알아야 한다.

14 - INFP 통찰력 있는 격려자

타인의 필요뿐 아니라 나의 필요를 충족시키는 것에도 초점을 둘 필요가 있다. 타인이 해야 할 역할을 대신 떠맡지 않도록 하자. 개인적인 감정을 좀 더 일찍 자주 나눌 필요가 있다. 나를 표현할 때는 열정과 더불어 논리적이고 세부적으로 해야 한다. 갈등을 직접적으로 처리해서 부정적인 감정이 쌓이지 않도록 해야 한다. 건설적인 피드백을 주고받는 것 또한 배워야 한다. 부정적인 피드백을 개인적인 공격으로 받아들이지 않도록 조심하고 자기발전의 수단으로 받아들여보자. 혼자만의 시간을 만들어 에너지를 재충전하는 것도 도움이 된다.

15 - ESFJ 실질적인 공헌자

자신의 책임과 타인의 필요를 충족시키는데 지나치게 헌신적일 수 있다. 나의 필요를 채우는 데 시간을 가져야 한다. 마땅히 해야 하거나 되어야 한다는 당위성에 얽매이지 않도록 해야 한다. 규범을 중요하게 여길 수 있다. 그러나 사람들은 각기 다른 스타일, 방식으로 기여할 수 있음을 알고, 차이를 받아들이고, 너그럽게 인정해야 한다. 사람들마다의 다른 접근법을 존중하고 나의 계획에 이러한 비전과 분석을 도입해라. 부정적인 피드백을 주고받는 것이 불편할 수 있지만, 이런 피드백이 나와 타인에게 도움이 되고 더욱 생산적인 요소로 작용할 수 있다는 것을 기억해야 한다. 피드백을 들을 때에는 방어적인 자세를 취하는 것보다는 나를 발전시키는 방향으로 받아들여야 한다. 팀원들 각자의 업무처리 방식이 존중되는 분위기에서 일할 수 있도록 해야 한다.

16 - ENFJ 통찰력 있는 공헌자

극도로 열정적이고 감정적인 모습이 다른 사람들을 압도하거나 당황하게 할 수 있다. 이런 상황에서는 나의 열정을 잠시 진정시킬 필요가 있다. 현실적인 것과 이상적인 면에 균형을 유지하고 나와 타인에 대해 현실적인 기대치를 만들어야 한다. 순차적이고 논리적인 순서로 정보를 제시하고 장단점을 보여줄 필요가 있다. 타인은 상징적이고 추상적인 언어를 선호하지 않을 수 있다. 내 생각을 실용적인 언어로 설명하고 영감을 주는 이야기를 너무 많이 사용하지 않도록 노력해 보자. 누군가는 관련성을 이해하지 못할 수 있기 때문이다. 잘못을 지적하는 피드백을 받을 때, 개인적인 공격으로 이해하지 마라. 나의 성장과 발전에 도움을 주는 피드백으로 수용해야 한다. 모든 갈등을 해결하는 것이 언제나 실용적이고 현실적이며 필수인 것은 아니다. 어떤 문제는 그대로 둘 필요가 있을 수 있다. 타협이 필요한 상황이 있을 수 있음을 기억하자. 해결해야 한다는 압박감에서 벗어나자.

04_
MBTI와 연애

성격 유형별 연애타입

01 - ISTJ

ISTJ는 새로운 관계를 만드는 것에 별로 관심이 없기 때문에 가벼운 연애를 좋아하지 않는다. 이는 시간과 에너지를 낭비하는 것처럼 느껴지기 때문에 오래 지속할 수 있는 진지한 연애를 선호한다. 상대를 천천히 알아가면서 관계를 자연스럽게 발전시키는 타입으로 사랑을 확신하는데 시간이 오래 걸리는 편이다. 그러므로 상대는 기다려주는 인내가 필요하다.

ISTJ는 자신의 일상을 공유하며 사랑을 표현하기 때문에 상대가 함께 공유하자고 먼저 손을 내민다면 매우 고마워하며 이러한 행동들 속에서 서로의 사랑을 키워나간다. 하지만 애정을 말로 잘 표현하지 않아서 상대는 그 속을 알 수 없다. 하지만 객관적 접근 방식을 선호하기에 겉으로 감정을 표현하지 않는 것뿐이다. 실제로 감정적인 의사소통을 어려워하기 때문에 직설적으로 표현을 해주는 것이 좋다. 즉, 사랑을 행동으로 표현하는 것을 선호한다. 예를 들어, 연인이 가고 싶은 식당이 있다고 해 보자. 그곳이 매우 예약하기 어려운 곳이라면 이때 ISTJ는 100번을 전화해서라도 예약을 해 연인에게 선물한다. 감정적인 표현은 어려워하지만 이처럼 행동으로 표현하는 것은 확실하다.

연인을 더 잘 이해하기 위해 조사도 서슴지 않으며 사소한 것을 잘 기억하고 조용히 챙겨주는 타입이다. 자신의 연인에게 어떤 문제가 생겼을 때는 직접 해결해 주기 위해서 노력을 하며 실질적인 도움을 제공하려고 한다. 또한 기준이 뚜렷하고 매우 정직한 타입으로 거짓은 무의미하다고 생각한다. 숨기거나 진실되지 않다고 생각되면 매우 싫어할 수 있다. 속마음을 숨기지 말고 원하는 것이 있다면 직설적으로 말하는 것이 좋다.

ISTJ는 연애 과정에서도 계획하는 것을 선호하고 불확실하거나 예측하기 어려운 상황은 좋아하지 않는다. 예를 들어 상대가 데이트 도중에 계획에 없던 장소를 가자고 하거나 갑자기 친구를 만나기로 했다는 등 갑작스러운 말을 꺼내면 매우 꺼리거나 불편해한다. 만약 돌발 상황이 발생할 경우 현실적으로 가능한 해결책과 함께 의견을 제시해야 한다.

ISTJ는 결정을 내릴 때 심사숙고하기 때문에 한번 결정한 것을 쉽게 돌이키지 않는다. 간혹 그런 모습이 고집스럽게 비칠 수 있으나 그렇다고 해서 모든 상황에서 그러는 것은 아니다. 연애 과정에서 벌어지는 사소한 것들은 상대에게 잘 맞춰주는 편이다. 원하는 것이 있다면 의견을 나누며 타협해갈 수 있으니 크게 걱정할 필요는 없다. 약속을 가장 중요하게 생각하므로 책임감도 매우 강하다. 연인에게 매우 충실하며 성실한 사람이다. 반면에 감정적인 위로나 공감보다는 효율적이고 실용적인 것을 중시하기에 무뚝뚝해 보일 수 있다. 실용적인 해결책을 제시하는 것이 ISTJ의 사랑방식이니 오해하지 말자.

02 - ISFJ

ISFJ는 내면의 주관이 확고하지만, 자기주장이 강하지 않아서 겉으로 보기에는 잘 맞춰주는 것처럼 보인다. 연애에서는 내면을 공유할 수 있는 연인에게 안정감을 느낄 수 있다.

ISFJ는 신중한 타입으로 사랑에 빠르게 빠져들지 않으며 자신의 선택에도 확신을 원하는 유형으로 자신의 시간뿐만 아니라 상대의 시간도 낭비하지 않으려는 경향을 보인다. 그래서 호감 가는 상대가 생기면 한발 물러서서 사랑의 관계에 대한 적합과 확신을 확인하려 한다. 때로는 상대가 먼저 다가오는 것을 기다릴 수도 있다. 그렇기 때문에 구체적인 신뢰가 쌓이기 전까지 감정을 보호하며 안정적인 관계가 구축된 후에 연애를 시작하는 경우가 많다.

ISFJ는 사랑의 보호자 역할을 한다. 상대를 관찰해 감정을 살피고 실용적인 도움을 준다. 예를 들어 상대가 가고 싶다고 한 공연이나 영화가 있다면 그 말을 그냥 흘려듣지 않고 기억해 두었다가 슬쩍 예매하고 함께 가자고 한다. 또한 연인이 지난주에 필요로 하는 것이 있었다면 기억해 두었다가 적절한 타이밍에 제공하려고 최선을 다한다. 이런 방식으로 상대에게 헌신을 하며 성취감을 느끼곤 한다. 이러한 ISFJ의 행동에 인정과 애정으로 보답한다면 연인의 사랑은 배로 커질 것이다.

ISFJ는 실용적이고 계획적인 것을 선호한다. 시간을 낭비하고 싶지 않으며, 불편하지 않도록 충분히 계획된 것을 선호한다. 데이트 코스를 계획할 때도 상대의 선호도를 고려하여 계획하며 본인의 일상에도 연인을 참여시켜 함께 공유하길 원한다. 또한 잇프제는 데이트에 필요한 예산을 확인하고 관리하는 것을 선호한다. 즐거움을 위해 지출하는 것을 반대하지 않지만 신중하게 예산을 책정하고 싶어 하므로 생각 없이 예산을 낭비한다면 불편함을 느낄 수 있다.

ISFJ는 연애에서도 매우 성실한 타입으로 연인에게 매우 헌신적이며 정서적인 부분도 채워주고자 노력한다. 일반적인 관계에서 안정적이고 편안함을 느끼므로 서로의 역할을 충실히 수행하고 관계를 조화롭게 만드는 것이 매우 중요하다. ISFJ는 상대가 원하는 것을 필요한 순간에 도움을 주기 때문에 큰 보람과 뿌듯함을 느끼기도 한다. 그래서 자신의 요구사항은 우선순위의 맨 뒤에 놓는 경향이 있다. 상대에게 집중하는 만큼 자신은 소홀히 할 수도 있다.

연인에게 감동을 주는 것을 좋아하고 맞추는 것을 선호하기에 정작 자신이 필요하거나 불편한 감정 자체를 숨기는 경향이 있다. 자신의 감정에 벽을 만들어 상대에게 보여주는 것을 두려워하는 것이다. 또한 무언가 잘되지 않을 때 자신을 탓하며 스스로 압박을 하는데, 이때 상대에게 본인의 의도와 다르게 인식될 수 있다는 것을 걱정하여 있는 그대로 전달하는 것에 어려움을 겪기도 한다. 그래서 묵혀놓았던 감정들이 쌓여 어느 순간 가벼운 계기일지라도 갑작스럽게 폭발할 수 있다. 이런 점에 대해서는 주의하는 것이 필요하다.

ISFJ는 갈등을 싫어해 회피하는 모습을 보인다. 그래서 연인과의 관계에서 갈등이 생겼을 때 누구의 잘못인지는 상관없이 사과함으로써 빨리 논쟁을 끝내려고 한다. 이는 불편한 대화를 나누기보다 문제를 무시하고 지나가는 것처럼 보인다. 때로는 이러한 갈등을 극복하기 위해 자신에게 해가 되는 선택을 하기도 한다.

ISFJ는 현실을 기반으로 이성적으로 판단하는 유형이다. 일반적으로 정당한 근거가 필요한 유형으로 신중한 모습을 보이지만 그에 따른 많은 시간이 필요하다. 또한 때때로 사랑과 인정을 확인받고 싶어 한다. 노력을 알아주고 존중해 주는 것이 필요하다.

03 - ESTP

ESTP는 호감 가는 상대가 생기면 빠르게 행동하는 타입이다. 특히 자신감이 있어 보이는 상대에게 끌린다. 사랑에 빠지면 매우 과하게 몰두하는 사랑에 활기를 불어넣는 타입이다. 그래서 사랑을 할 때마다 매우 열성적이고 열정적인 모습을 보인다. 또한 충성가이기 때문에 연인을 위해 자신을 포기하기도 한다. 연인에게 매우 관대하며 행복하게 해주기 위해 어떤 것이든 조정할 수 있다.

ESTP는 사랑하는 사람이라면 지원하려고 한다. 만약 상대가 가구를 옮겨야 하거나 전구를 갈아야 하는 상황이라면 기꺼이 나서서 도움을 준다.

ESTP는 매우 직설적인 타입으로 생각하는 것을 사실적으로 주저함 없이 말한다. 그래서 연애 중에 확실한 사실을 중요시하는 대화 때문에 상대방의 기분을 상하게 하기도 한다. 또한 ESTP는 간단하고 단순한 것을 선호한다. 그래서 문제에 대한 빠른 해결책을 주고자 한다. 이런 모습은 가끔 상대의 감정을 상하게 할 수 있다. 이것은 상대에 대해서 배려를 하지 않는 것이 아니다. 감정적으로 다가가는 것이 서툰 것뿐이다. 상대방의 고민을 덜어주기 위해서 자신만의 방식으로 노력을 하는 사람이라는 것은 인정하자.

ESTP는 연인이 주는 미묘한 신호를 잘 알아차리지 못한다. 그래서 숨겨진 의미를 암시하는 것은 이들에게 아무런 의미가 없다. 수동적인 표현이나 애매모호한 힌트는 인식을 하지 못할 가능성이 크다. 그래서 ESTP에게 할 말이 있다면 있는 그대로 표현하자. ESTP는 추상적이거나 간접적인 대화에 시간을 낭비하는 것을 싫어한다. 또한 연인과의 관계에서 상대가 쌓아왔던 감정들을 한꺼번에 표출하는 것을 이해하지 못할 수 있다. ESTP 입장에서는 그 당시에 서운한 감정을 이야기하지 왜 지금 이야기하는지 이해하기 힘들다. 그래서 문제가 발생할 때 바로 말을 하는 것이 더 낫다. 다툼이 있을 때는 화난 ESTP에게 감정을 빼고 이성적으로 말하는 것이 좋다. 논리적으로 납득한다면 쉽게 화를 풀고 이해하는 유형이다.

ESTP는 말보다 실천을 선호한다. 그래서 토론을 할 때 쉽게 지루함을 느낀다. 이들은 단순한 화법을 사용한다. 다양한 주제를 빠르고 간단히 이야기하는 것을 좋아하지 추상적인 대화는 좋아하지 않는다. ESTP는 알 수 없는 미래에 대해 걱정하는 것보다 현재에 집중한다. 매우 합리적인 사람들로 신속하게 대응하며 뒤끝 없는 쿨한 연애를 즐긴다.

04 - ESFP

ESFP는 호감 있는 상대에게 적극적으로 다가간다. 그래서 결과적으로 연애 성공률이 매우 높은 편이다. 상대에게 사랑과 애정을 많이 표현하며 일상을 공유하는 연애 스타일을 선호한다. 운명적인 만남을 추구하기에 만약 ESFP가 내가 연애하고픈 대상이라면 '운명적 만남'을 연출해 보자. 상대를 이끌리게 하는 데 효과가 있다. ESFP는 상대방의 부정적인 면보다는 긍정적인 면을 먼저 보려고 한다. 이런 면이 연애 초기에 더 많은 영향을 줄 수 있다. 연락의 횟수를 사랑의 정도로 여기기 때문에 연애 초기에는 자주 연락하는 것을 중요하게 생각한다. 또한 대화를 통해서도 남다른 감정과 느낌을 기억한다. ESFP의 마음을 사로잡고 싶다면 자주 연락하는 것은 필수다.

ESFP는 연애할 때 즉흥적인 제안도 가끔 시도한다. 갑자기 '바다를 보고 싶다', '어딜 가고 싶다' 등 즉흥적인 여행 제안을 한다. 하지만 서로의 존중 또한 중요하게 생각한다. 그래서 연인에게 통제를 당하고 있다고 생각된다면 빠르게 지치게 된다. 이들은 집에만 있기보다는 밖으로 나가는 적극적인 연애 활동을 선호한다. 현실적으로 눈에 보이는 사랑 표현도 중요하다. 예를 들어 깜짝 선물을 주거나 이벤트를 챙겨주는 것이 필요하다. ESFP가 받아들이기에 상대가 여전히 자신을 사랑하고 있다는 것을 확인하는 것이다. 그런데 만약 ESFP가 깜짝 이벤트를 준비하였는데 상대가 실망한 표정이거나 좋지 않은 인상을 보이면 매우 실망을 한다. 부족한 이벤트라도 상대가 기뻐한다면 그것으로 만족하는 유형이다.

ESFP는 먼 미래의 계획보다는 현실에 치중하는 스타일이다. 1주년, 2주년과 같은 계획보다는 현재 바로 실행하는 이벤트가 더 중요하다. 또한 무거운 주제에 대해 오랜 시간을 끄는 것을 좋아하지 않아 오히려 쉽게 잊는 버리는 경우도 많다.

05 - INFJ

INFJ는 연애에 대해 매우 신중한 자세를 취한다. 그래서 사랑의 시작 속도가 다른 유형에 비해 훨씬 느리게 보인다. 하지만 상대에게 잘 맞춰주고 다정하며 친절한 유형이다. 공감 능력 또한 높은데 이런 점이 종종 오해를 사기도 한다. 왜냐하면 INFJ인 상대가 내 행동이나 말에 공감과 반응을 잘 해주니 '나를 좋아하나?'와 같은 생각을 하도록 만들기 때문이다. 하지만 INFJ의 친절한 반응은 상대를 좋아하는 것이 아닌 그저 타인을 배려하는 것이다. 혹시 좋아하는 사람이 INFJ라면 서두르지 말고 천천히 다가가자. 어떤 사람인지 알아가는 과정이 반드시 필요하며 오랜 시간에 걸쳐 사랑을 키워가는 타입이라는 것을 기억하자.

INFJ는 내 사람이라는 확신이 생기면 헌신적으로 사랑을 한다. 하지만 혼자만의 시간이 부족해지면 매우 예민해질 수 있기 때문에 상대방이 INFJ의 거리 두는 모습에 대해서 오해를 하기도 한다. 마치 피하고 있는 것처럼 느껴지기 때문이다. 혼자만의 시간과 여유를 주고 그것에 대해서 오해할 필요는 없다.

INFJ인 연인에게 오늘 있었던 일들에 대해 이야기를 한다고 가정하자. 잘 들어주는 것처럼 보이지만 예상과 전혀 다른 답변을 해서 당황할 수도 있다. INFJ는 공감해 주고 이해해 주면서도 다른 의견인 경우가 있다는 것을 기억하자. 또한 연애할 때 직감이 뛰어나지만 논리적인 이유를 찾기 전까지는 상대를 이해시키려고 하지 않는다. 그래서 사소하다고 생각해 말하지 않은 것들이 꽤 많다. INFJ는 '숨기는 특성'을 가지고 있다는 것을 알아야 한다.

INFJ는 신념이 뚜렷하고 가치관에 맞지 않는 일은 잘 하지 않는다. 늘 잘 맞춰주는 것처럼 보이지만 중요하다고 생각하는 순간에는 자신의 고집을 굽히지 않는 편이다. 자신을 어떤 행동의 규범에 가두고 마음대로 하려는 것을 자제한다. 연인 사이에서 어느 정도 신뢰가 쌓였을 때는 미래에 대한 이야기를 할 수 있지만 신뢰가 아직 쌓이지 않은 상태에서는 그런 이야기를 하는 것을 부담스러워한다.

INFJ는 완벽주의자로 스스로에게 엄격한 타입이다. 보통의 인간관계와는 다르게 연인에게도 높은 기대치를 요구한다. 마음을 주는 데 오랜 시간이 걸리지만 내 사람이라고 생각된다면 사랑을 받는 안정감을 확실히 보여준다. INFJ는 헌신적이고 로맨티스트의 연애를 보여준다.

06 - INTJ

INTJ는 연애를 할 때 매우 신중한 타입이다. 호감 가는 상대가 생기면 상대에 대한 기본적인 정보를 파악하고 싶어 한다. 상대가 자신을 좋아한다고 직접적으로 말을 해주거나 인티제 본인이 확신이 들어야 상대를 이성으로 보기 시작한다.

INTJ는 개인적인 시간과 공간을 중요하게 생각한다. 그래서 상대 또한 자유롭고 독립적인 주체로 존중해 주는 타입이다. 만약에 INTJ가 연인이 싫어할까 봐 혼자 몰래 무언가를 하다가 들켰다고 가정을 해 보자. INTJ의 이러한 행위를 어떻게 봐야 할까? 무언가를 숨기는 행동이라고 봐서는 안 된다. 상대가 그것을 좋아하지 않으니 알리지 않는 것뿐이다. 그래서 INTJ에게 어떤 궁금한 점이 있다면 직접적으로 물어보는 것이 좋다.

연애하면서 INTJ는 연락을 먼저 할 생각을 미처 못하는 경우가 많다. 이런 경우 상대는 감정적으로 서운함을 느낄 수 있다. 이때 서운함을 쌓고 냉전 관계를 유지하는 경우가 많은데 답답하면 차라리 다음과 같이 말을 해 보자.

> "하루에 3번씩은 연락을 해 줬으면 좋겠어."
> "퇴근할 때 전화를 해 줬으면 좋겠어."

의외로 빠르게 서로의 타협점을 찾을 수 있다. 혹자는 '3번씩'이라는 횟수 요구가 로봇처럼 보인다고 꺼린다. 하지만 이러한 행동이 서로의 관계를 오해 없이 좋은 관계로 만드는 해결책이라고 받아들이자.

INTJ는 평소 일상의 루틴을 지켜나가면서 연애에 충실한 타입이기 때문에 해야 하는 일이 있을 때 연락을 하면 바로 끊어버리는 경우가 있다. 이때에도 일부러 연락을 피한다고 오해하지 말자.

INTJ는 상대의 말을 왜곡하지 않고 그대로 받아들이기 때문에 상대의 의중을 떠보지 않는다. 그래서 대화에서 애매한 부분을 캐치하지 못하는 경우가 많다. 또한 애정표현을 많이 하지 않기 때문에 상대가 사랑이 식었다고 생각할 수도 있다. 연인 관계에서는 가끔 거짓말과 허풍도 필요할 수 있다. 애교를 통해서 어떤 의미를 부여하기도 한다. 하지만 INTJ는 이런 다양한 언어의 의미를 잘 파악하지 못한다. 감정적인 표현보다 책임감과 헌신적인 모습으로 사랑을 표현하려고 하니 이런 부분을 잘 이해해야 한다.

INTJ에게 감정을 표현할 때 주의해야 할 점이 있다. 갈등이 있는 상황에서 자신의 의견을 제대로 설명하지 않고 감정적으로 전달한다면 INTJ는 이것을 감정의 낭비라고 생각할 수 있다. 매우 피곤함을 느끼고 상대에 대한 호감도를 낮추게 된다. 그다음은 더 이상 연애를 지속할 수 없다고 판단할 수 있다. 그러므로 감정도 객관적으로 정확하게 표현을 해 보자. 그렇지 않으면 갈등은 더욱 심해서 갈라지게 될 것이다. 그리고 다음과 같은 질문은 하지 않는 것이 더 좋다.

> "나를 사랑하기는 하는 거야?"
> "왜 연락을 안 해?"
> "주말에 연락을 하고 싶다는 생각을 한 적 없어?"

이런 식으로 두루뭉술하게 이야기하는 것보다 속상한 이유를 구체적으로 표현하는 것이 좋다. 그러면 예상외로 대화가 수월하게 될 것이다.

07 - ENFP

ENFP는 나를 좋아하는 사람보다 내가 좋아하는 사람을 만나야 하는 타입이다. 다양하게 애정을 표현하고 연인의 감정에 솔직하게 반응하는 유형이다. 상대가 보기에 비효율적인 방식으로 보이겠지만 과정을 중요하게 생각하기 때문이다. ENFP는 사랑에 관심이 많고 새로운 사람을 만나 다양한 연애를 경험하고 싶어 하기 때문에 가볍게 연애를 이어가는 유형이다. 이런 이유로 ENFP는 '가벼운 사람'이라고 오해할 수 있다.

상대를 만족시키고 싶어 하는 타고난 성향과 사랑에 대한 호기심으로 누군가에게 호감이 있을 때 주저함이 없다. 매 순간 사랑을 진행할 때 열정적으로 다가가고 새로운 애정 관계를 만든다. 하지만 의미 있는 연결이 되지 못한다면 빠르게 흥미를 잃는다. 그래서 ENFP는 깊이 있는 관계를 만들지 못하면 성급하게 관계를 끊어버리기도 한다. 이는 쉽게 사랑에 빠지고 쉽게 사랑이 식는 것처럼 보일 수 있다.

연인과 감정을 나눌 수 있는 것을 추구하며 사랑의 감정에 충실하다. 만약에 장거리 연애를 할지라도 사랑한다면 물리적 거리는 문제가 되지 않는다고 생각한다. 근사한 데이트가 아니더라도 연인과 함께라면 어디든 상관없다고 생각할 정도로 로맨티스트의 모습을 보여준다. 서로에 대한 일상을 공유하는 것을 사랑의 표현이라고 생각한다. 그래서 상대의 연락이 뜸하면 일에도 집중하지 못할 수 있다. 자주 연락을 하며 일상을 공유하는 것이 중요하다는 것을 기억하자.

ENFP는 감정을 말로 표현하는 것을 선호한다. 그래서 생각을 말로 전달하지 않으면 불안감을 느낄 수 있다. 상대를 얼마나 사랑하고 있고 관심을 가지고 있는지 말로 꼭 표현하자. ENFP는 감정이 얼굴에 잘 드러나기 때문에 연인에게 거짓말을 할 필요도 잘 느끼지 못한다. 그래서 정직하게 표현하는 솔직한 연인에게 끌리며 가식적이라고 판단되면 싫어하는 감정이 생길 수 있다. 감정을 숨기는 연인이 ENFP에게 스트레스가 될 수 있음을 명심하자.

ENFP는 사랑하는 사람의 눈을 통해 세상을 보는 것을 좋아한다. 좋아하는 일을 함께 하면서 내가 보는 것과 다른 시선을 나누며 미래에 대해 이야기를 나누는 것을 선호한다. 연인 관계에서 이러한 행동을 중요하게 생각하기에 상대와 함께 공유하며 느끼고 싶어 한다. 만약 상대가 바빠 약속을 취소하거나 변경하게 될 때 그 순간은 서운해하지만 친구들과 약속을 잡는 등 금방 새로운 계획에 집중하며 서운한 감정을 빠르게 회복한다. ENFP의 연인은 조금은 독특한 ENFP의 엉뚱함도 크게 신경 쓰지 않는 것이 좋다. 그리고 새로운 주제와 독창적인 생각에 열려 있는 마인드가 필요하다. 만약 연인에게 이러한 독특함을 이해받지 못한다면 혼자인 것처럼 느낄 수 있다.

ENFP가 깜짝파티를 준비할 때가 있다. 이때 "어떻게 이런 생각을 했어? 이런 이벤트 처음이야."라고 칭찬을 해 준다면 ENFP는 매우 기뻐할 것이다. ENFP는 자신의 창의적인 아이디어를 인정받을 때 사랑과 인정을 느끼게 된다. ENFP에게 칭찬은 춤을 추게 하는 수단이라는 것을 기억하자.

08 - ENTP

　ENTP은 초기에 본인과의 사랑이 적합한지를 결정하는 타입이다. 그래서 적합한 상대를 만나면 빠르게 사랑에 빠지고 적극적으로 사랑에 전념한다. 물론 ENTP도 처음에는 어색함을 느끼고, 상황에 대해서 논리적으로 이해하려고 노력한다. 하지만 사랑에 빠지면 감정적으로 전념하는 타입이다. ENTP은 일상적이고 전통적인 방식보다 새로운 것을 탐구하고 즐기며 도전하는 것을 좋아한다. 그래서 예측할 수 없는 사람에게 끌리며 그런 사람과 함께 있는 것을 좋아한다. 그래서 연애할 때도 반복되는 데이트 코스보다는 색다른 이색적인 데이트 코스와 상황을 원한다.
　ENTP은 상대가 느끼는 호감의 패턴을 분석하고 관찰하며 정보를 얻는다. 관심이 가는 상대가 생기면 폭풍 질문을 하곤 한다. 사랑에 빠진 ENTP은 낭만적인 전망을 하면서 그것을 합리적이라고 생각한다. 감정적인 모습보다 논리적이고 합리적인 사람으로 보이는 것을 선호하기 때문에 사랑이라는 감정적인 부분이 상대에게 어떻게 비칠지 불안해하기도 한다.
　ENTP이 이상형으로 생각하는 사람은 신념이 뚜렷하고 자신감이 있으며 침착한 사람이다. 어떤 한 의견에 치우치지 않고 객관적으로 바라보며 의견을 함께 나눌 수 있는 연인을 높게 평가한다. 그래서 연인과 지적인 토론을 하는 것을 선호한다. 이는 독립적으로 자신의 관점이 확고하고 다른 사람에게 의존하지 않는 사람에게 매력을 느끼는 것과 같다. 식상한 문제라고 할지라도 새로운 관점에서 다양한 아이디어와 경험에 대해 탐구하는 것을 즐긴다. 물론 ENTP 자신의 주장이 틀렸을 수도 있다. 자신의 주장이 틀렸다는 것을 좋아하지는 않지만 자신의 의견만이 맞는다고 고집하지는 않는다. 그것은 스스로 정체되는 것이라고 판단하기 때문에 검증하는 토론 같은 형태를 선호하기도 한다. 그렇기에 연인이 자신과 다른 생각을 가지고 있어도 존중하고 이해를 한다. ENTP은 토론을 해 무엇이 옳고 그른지 이야기를 하는 지적인 대화 활동을 하나의 즐거움이라고 생각한다. 이런 ENTP의 모습에 대해서 공격이라고 오해를 하지 말자.

연애할 때 ENTP은 손익을 따지지 않고 연인의 성장을 위해 누구보다 애쓰고 자존감을 채워준다. 연인이 능력을 제대로 발휘하기를 바라며 성공하도록 도와준다. 이것은 ENTP의 관심과 사랑이라고 할 수 있다. ENTP의 사랑은 서로가 계속 앞으로 나아가는 동기부여로 나타난다. 그래서 새로운 경험과 도전을 늘 추구한다. 또한 끊임없이 사회생활을 활발하게 하며 지속적인 강화와 자극을 추구한다. 엔팁에게 통제하지 않는 새로운 것을 시도할 수 있는 자유만 보장해 준다면 안정적인 연애는 보장된 것이다.

09 - ISTP

ISTP는 연애를 시작할 때 가장 까다로운 유형이라고 할 수 있다. 관심 없는 사람에게는 자신의 시간을 투자하지 않기 때문에 다양한 사람을 만날 기회가 별로 없다. 그리고 상대에게 좋아하는 티를 거의 내지 않기 때문에 상대방이 속마음을 알기 어렵다.

그래서 밀당을 시도하더라도 잘 알아차리지 못하기 때문에 밀당은 안 하는 것을 추천한다. 눈으로 보이는 행동과 사랑에 집중하는 타입으로 애매하게 다가오면 곁을 주지 않는다.

ISTP가 시간과 돈을 상대방에게 투자한다면 이는 당신에게 호감을 보이고 있다는 증거다. ISTP에게 지나친 관심과 애정표현을 한다면 지칠 수 있으니 주의해야 한다. 또한 ISTP에게는 개인적인 시간과 공간을 충분히 확보하도록 허용해야 한다. 통제되는 것과 빡빡한 스케줄에 힘들어할 수 있다.

ISTP의 연인에 대한 연락 횟수는 다른 유형에 비해 많지 않다. 왜냐하면 연락의 횟수보다 서로 존중해 주는 것이 더 중요하기 때문이다. 더 많은 연락을 원하는 것은 ISTP에게 업무처럼 느껴질 수 있다. 그런 연애를 할 의미가 없다고 생각할 수 있으니 주의해야 한다.

ISTP는 공감 능력이 다소 부족해 보일 수 있다. 예를 들어 상대방이 업무에 대해 힘들었던 일에 대해서 이야기를 했다고 해보자. 여기서 ISTP는 문제 해결에 초점을 둔다. 그리고 효율적인 해결책을 제시한다. 만약 공감을 바라고 말했다면 약간 서운할 수 있다. ISTP는 연인 사이에서 속 깊은 이야기를 잘 하지 않는다. 이때도 상대는 서운함을 느낄 수 있다. 이때 ISTP의 입장을 잘 봐야 한다. ISTP는 그 주제에 관해 본인이 어떤 결론을 지었을 가능성이 있다. 더 이상 중요하다고 생각하지 않는다면 굳이 상대방에게 그 이야기를 하지 않는 것이다.

ISTP가 가장 많이 하는 말 중에 '그럴 수 있지'라는 말이 있다. 이는 '난 아니지만'이라는 의미가 전제로 깔려 있는 것을 기억하자.

ISTP는 '다름'을 인정하는 개방적인 타입이다. 그래서 연애할 때 상대에게 잘 맞춰주는 편이다. 상대가 "나 오늘 피자 먹고 싶어."라고 말하면 그것을 시도한다. 또한 ISTP는 자신을 좋다고 말하는 사람에게 싫은 소리를 못한다. 감정 표현이 서툴기 때문에 그 표현을 적극적으로 해 주는 사람에게 끌린다. 자유와 혼자만의 시간만 보장해 준다면 안정적인 연애가 가능한 유형이다.

10 - INTP

INTP는 상대의 좋아하는 정도에 따라 마음 상태가 달라질 수 있는 유형이다. 그래서 INTP에게 호감을 느껴 좋아하는 감정을 드러내면 매우 잘 맞춰줄 수 있다. 하지만 반대로 사랑이 식었다면 무엇을 해도 맞춰나가기 어려울 수 있다. 본인의 가치관은 뚜렷하지만 연인에게 강조하지 않고 서로의 다름을 인정하며 있는 그대로 받아들인다.

INTP는 남들이 보기에 괴짜라고 생각할 수 있는 유형이다. 관심이 있는 분야는 깊게 파고든다. 잠도 줄여가며 열정적으로 몰입을 한다. 이러한 특징을 사랑에 적용시킨다면, 상대에게 열정적으로 모든 것을 맞춰주기 위해 노력한다. 하지만 사랑이 관심의 우선순위에서 변동이 되면 사랑이 식은 것처럼 보일 수 있다. INTP는 감정에 대한 확신을 어렵게 생각한다. 그래서 자신이 느끼는 사랑을 의심하고 그 사랑에 두려움을 느끼기도 한다. 감정을 어려워하기 때문에 방어적인 모습을 보이는 경우도 있다. 어려워하는 감정을 깊게 분석하고 싶어 하기 때문에 결정을 하는 데 오랜 시간이 걸릴 수 있다. INTP는 사랑도 분석적으로 바라본다. 그래서 마음과 머리가 서로 균형을 맞추기 어렵다. 사랑을 다른 감정들과 비교하며 논리적으로 납득하고 싶어 하기 때문에 사랑에 빠진다면 혼란스러움을 느낀다.

INTP는 주기능이 Ti이기 때문에 내면의 생각이나 말을 겉으로 잘 표현하지 않는다. 그래서 사람과의 관계에서, 특히 사랑하는 사람과의 관계에서 표현하는 것을 어려워한다. 애정표현이나 감정을 말로 표현하는 것이 서투르기 때문에 INTP는 시간을 함께 보내는 것으로 표현을 한다. 자신의 시간을 불필요한 인간관계에 쏟으려고 하지 않는다. 그래서 INTP이 누군가와 함께 시간을 보낸다는 것은 그를 좋아하고 사랑한다는 증거다.

INTP는 사랑을 하면서 많은 영감을 받으며 조금씩 신뢰를 쌓아간다. 만약 INTP에게 원하는 것이나 요구할 사항이 있다면 솔직하게 표현하는 것이 좋다. 있는 그대로 이야기하면 들어줄 가능성이 크다.

INTP는 상대의 잘못이나 결점을 정확하게 지적하여 반감을 사기도 한다. 이러한 행동은 지나칠 정도로 자신의 생각을 전달하거나 상대의 생각을 확인하는 모습이다. 연인과의 사이에서도 이해와 공감보다는 현실적이고 합리적인 방법을 찾는 것을 선호한다. 최선의 해결책을 찾기 위해 노력하는 모습을 보고 상처를 받지 말자. 그런 의도가 전혀 아니다.

INTP는 연인과의 사랑도 중요하지만 혼자만의 시간을 갖는 것도 매우 중요하다. 개인적으로 시간을 보내고 있을 때 특별한 용건이 없이 연락을 하면 싫어할 수 있으니 주의하자. INTP에게 개인적인 시간과 공간을 배려해 주는 것이 필요하다는 것을 기억하자.

11 - ESTJ

ESTJ는 한마디로 표현하면 실용적인 데이트를 지향하는 유형이다. '널 위해 죽을 수도 있어'라는 말보다 멋진 장소와 맛있는 음식을 함께 먹는 것을 더 선호한다.

ESTJ는 T를 주기능으로 쓰기 때문에 맘에 드는 이성이 있을 때 자신이 저 사람을 좋아하는지 확인의 시간을 갖는다. 그래서 사랑을 허용하기 전에 상대에 대한 확신을 원하기도 한다. 사랑에 빠지거나 연애를 시작하면 최선을 다하기 때문에 가치 있는 관계가 되기를 원한다. 일방적이거나 불가능한 관계는 원하지 않는다.

ESTJ는 상대에게 원하는 것이 명확하기에 분명하게 행동한다. 그래서 직접적으로 관심과 호감을 표현하기도 하고 사랑에 확신이 생기면 자신감 있게 다가가기도 한다. 연애가 시작되면 ESTJ는 연인을 위해 모든 노력을 기울인다.

ESTJ는 계획을 잘 세워서 안정적인 시간을 보내는 것을 선호하는데 연애에서도 이러한 부분이 크게 작용한다. 효율성을 중시해서 종종 주도권을 잡고 먼저 움직이고 상대방이 당연히 자신의 계획을 따를 것이라 생각한다. 하지만 모든 이가 ESTJ가 원하는 대로 움직이지 않으니 이러한 부분에서 연인과의 갈등이 생길 수 있다.

ESTJ는 예산의 관리와 책정에 능하다. 돈 관리와 데이트 비용 관리는 미래의 삶을 계획하는데 중요한 부분이다. 자칫 탐욕적이고 지나치게 검소해 보일 수도 있지만 연인 관계에서 데이트 비용은 사실 큰 부분을 차지한다.

ESTJ는 칭찬이나 감사를 요구하지 않고 스스로도 필요하다고 생각하지 않는다. 하지만 칭찬과 감사의 효과를 모르는 것은 아니다. 연인이 고마움을 표시할 때 자신의 노력이 가치 있다는 것을 안다. 반대로 연인이 준비한 이벤트에 감사하다는 표현이 필요하다는 것도 안다. 그렇다고 잘한 일도 없는데 칭찬을 남발하면 실 없어 보일 수 있기 때문에 적절한 순간에 칭찬과 감탄을 하는 모습이 필요하다.

ESTJ는 다양한 활동에 연인이 참여하도록 권장하는 경우도 있다. 그 이유는 본인이 좋아하는 활동을 함께 즐기고 싶기 때문이다. 하지만 그 활동을 함께 하기 싫다면 솔직하게 이야기해도 된다.

ESTJ는 상대가 있었던 일에 대해 이야기할 때 솔로몬의 역할을 하기도 한다. 연인의 입장에서 편을 들어주기 보다는 솔직하게 자신의 의견을 전달하기에 종종 연인이 상처받기도 한다. 하지만 이는 연인에게 상처를 주거나 기분을 상하게 할 의도가 없기 때문에 문제를 해결하기 위한 해석으로 받아들이자. 직설적인 의사소통을 하며 자신의 의견을 주장하기 때문에 다른 사람의 의견을 듣지 않는 것으로 보일 수도 있다.

12 - ENTJ

ENTJ는 근면 성실하고 자신감 있는 연인을 선호한다. ENTJ는 호감 있는 상대를 관찰하고 분석하면서 조금씩 자신이 사랑에 빠졌다는 것을 알게 된다. 사랑을 시작하기 전에 그 사람과 함께 성장할 가능성을 확인하고 확신을 갖기를 원한다. 그래서 상대가 어떤 장르의 영화를 좋아하는지? 취미는 무엇인지? 다양한 질문들을 쏟아낸다. 상대를 인터뷰하듯 여러 가지를 질문하고 관찰하며 분석을 하는데, 이는 사랑에도 논리를 적용시키며 실질적인 것에 기반을 두고 싶어 하기 때문이다. 오래 지속할 수 없는 연애를 시작하는 것은 비효율적이며, 의미 없는 로맨스는 시간 낭비라고 생각하기도 한다.

ENTJ는 책임감이 높은 유형으로 연인이 원하는 것을 위해 시간과 에너지를 쏟으며 모든 일을 지원하고 싶어 한다. 또한 연애 관계에서 계획을 주도하며 리드하는 것을 선호한다. 자신이 계획한 대로 데이트가 진행되기를 원하며 그런 자신의 의견을 긍정적으로 평가한다. 왜냐하면 효율적인 계획을 수립하는 것에 자신감이 있기 때문이다. ENTJ는 연인과 많은 시간을 함께 보내는 보람 있는 데이트를 계획한다. 예를 들면 주말에는 잠실 놀이동산에 갔다가 맛집 2~3군데에 방문을 한다. 맛집은 미리 분석을 통해 최종 결정을 내린 곳일 것이다. 이러한 행동은 상대방에게 매우 흥미가 있고 관심이 있다는 증거이기도 하다. 하지만 이 역시 상대가 억압으로 느낄 수 있기에 매우 주의해야 한다.

ENTJ는 연인에게 도움이 되기를 원하고 연인의 성장을 위해 무엇이든 지원해 줄 수 있다. 연인의 목표를 자신의 목표로 삼을 정도로 연인의 꿈을 지지하며 성공을 돕는다. 이는 성장할 준비가 되어 있는 연인이라면 매우 든든한 조력자로 느낄 것이다. 연인의 성장을 돕는 것처럼 자신도 연인으로부터 도움을 받기를 원한다. 거침없이 도전할 수 있도록 자신의 상황을 지지하며 이해해 주는 상대를 필요로 한다.

ENTJ는 시간의 가치를 알고 있고 매 순간을 최대한 활용하려고 한다. 이러한 성향으로 연인과의 관계에서도 게으른 것을 좋아하지 않고 이해하지도 못한다. 그러다 보니 상대방이 오늘 할 일을 내일로 미루는 모습을 보게 되면 그냥 지나칠 수 없다. 자신의 관점을 강요하게 될 수도 있다.

ENTJ는 성장 지향적으로 신념이 매우 확고한 편이다. 연애를 하면서도 친목 도모 등 사생활이 존중받아야 한다고 생각하는 유형이다. 그래서 연애할 때 하는 일 때문에 갈등이 벌어지기도 한다. 일을 하는데 연애가 방해된다고 느껴진다면 연애에 매우 소홀해질 수도 있다. ENTJ의 사랑은 전형적인 로맨스의 모습과는 조금 다를 수 있다. 하지만 방식이 다르다고 해서 사랑하지 않는 것이 아니니 오해하지 말자.

13 - ISFP

ISFP는 사랑에 빠지면 사랑에 올인하는 유형 중 하나다. 상대방의 필요한 것들을 들었다가 살며시 도와주기도 한다. 상대에게 매력적으로 보이기 위해 외형적인 아름다움에도 신경을 쓴다.

더 매력적인 모습을 보여주기 위해 준비하다가 약속에 늦는 경우도 종종 있다. ISFP에게 사랑은 삶의 질을 결정할 정도로 매우 중요한 부분이다. 사랑을 하는 일에 올인하기 때문에 자신의 필요를 잊기도 한다. 그만큼 상대의 즐거움에 큰 비중을 둔다. 만약 연인으로부터 아프다고 연락이 오면 본인의 약속이 있음에도 불구하고 연인에게 바로 달려간다. 연인에게 필요한 것을 채워주며 연인의 요구를 빠르게 알아차린다. 연애에 있어 ISFP는 충성스럽고 인내심이 많으며 여유가 있다.

ISFP는 개방적이고 수용적인 타입으로 결정권을 연인에게 주는 것을 선호한다. 이러한 ISFP의 상대방에 대한 배려와 존중을 인정해 줄 필요가 있다. 그렇지 않으면 관계가 틀어질 수 있다. ISFP는 주는 것도 좋아하지만 받는 것도 좋아한다. ISFP의 유연성을 당연하다고 생각하지 말고 이들의 배려와 친절을 높이 평가해 주면 좋은 관계를 유지할 수 있다.

ISFP는 감정을 중시한다. 그래서 감정에 솔직하게 반응하면 ISFP와 더 좋은 관계를 유지할 수 있다. 반면에 ISFP에게 논리적이고 객관적으로 접근하면 그 효과가 떨어진다. ISFP에게는 어떤 문제에 대해서 의견과 느낌을 물어보는 것이 좋다. 항상 ISFP의 감정을 고려하는 것이 중요하다는 것을 기억하자.

ISFP는 평화를 유지하는 것을 선호하기 때문에 연인의 의견에 대립하지 않는다. 일반적으로 계획적인 사람, 리드하는 사람에게 끌리기도 한다.

ISFP는 사랑하는 사람과의 갈등을 회피하는 유형이다. 그래서 이들의 의사소통은 부드러우며 이것이 이들의 장점이라고 하기도 한다. 하지만 반대로 갈등을 해결하는 건 어려울 수 있다. 이는 조화를 유지하는 것을 선호하고 갈등에 참여하는 것을 싫어하기 때문이다. 그래서 문제가 발생한 상황에서 의견을 주장하거나 분노를 표현하는 데 어려움을 겪을 수 있다. 연인과의 갈등이 있다면 그것을 밝히지 않고 숨기기도 한다. 이 문제를 당사자가 없는 다른 곳에서 풀어버리는 경우도 종종 있다. 그동안 갈등이 발생하면 한발 뒤로 물러서거나 피했지만 이제는 그 생각을 바꿀 필요가 있다. 연인과의 관계에서도 갈등은 언제나 벌어질 수 있고, 그 갈등이 관계를 더 발전시킬 수 있는 계기가 될 수도 있다는 것을 믿어보자.

14 - INFP

INFP는 운명적이고 열정적인 사랑을 꿈꾼다. 동물에 비유하자면 해파리와 같다고 말하기도 한다. 해파리는 스스로 빛을 내기 때문에 보기에는 아름답다. 하지만 집에서 키울 때 잘 다루지 못한다면 죽어버리는 경우도 있다. 이렇듯 INFP는 매력적이고 신비로운 유형이다. 천천히 마음을 내주는 타입으로 혼자 좋아하는 시간을 즐기는 경우도 있으며, 혼자 좋아하다가 혼자 끝내버리는 경우도 많다.

INFP에게 다가가야 한다면 성급하게 하지 말고 천천히 다가가는 것이 좋다. 약간의 거리를 유지하면서 호감 있는 모습을 유지하자. 갑작스러운 고백은 오히려 사이를 멀게 만들 수 있으므로 주의해야 한다.

INFP는 상대에게 호감이 생기면 그 상대를 우상화하는 경향이 있다. 그래서 상대의 단점도 장점으로 착각하여 보는 경우가 많다. 또한 상상 속에서나 가능한 연애를 현실화시키기도 한다. 예를 들면 비 오는 날 우산이 없는데 좋아하는 상대가 나타나 우산을 씌워주는 로망을 꿈꾸기도 한다. 조건 없는 사랑을 하는데 그 이유는 계산적인 모습은 사랑이 아니라고 생각하기 때문이다.

다른 유형도 그렇지만 혼자만의 시간도 필요하다. 연락을 애정표현으로 받아들이는 INFP는 만남과 연락의 횟수가 사랑과 비례한다고 생각하지만 가끔은 혼자만의 여유가 필요한 유형이다. 하지만 혼자만의 시간을 즐길 때 상대에게 오는 연락을 귀찮게 생각하지 않는다. 오히려 연락을 하거나 안부를 물어보면 매우 좋아한다.

INFP는 갈등에 유연하게 대처하지 못하는 유형이다. 갈등을 회피하며 크게 터지기 전까지 쌓아둔다. 그러므로 이들은 불만사항을 메모해놓고 이야기하는 것도 좋은 방법이 된다. 또한 어떤 결정을 내리기 전에 그 문제에 대해 충분히 생각할 시간이 필요하다. 혹여나 상대방이 언짢아하는 건 아닐까 여러 번 고민을 한다. 단호하지 못해 보일 수 있는 이러한 특징을 이해해 주는 것도 필요할 수 있다. 당연히 INFP에게 직접적인 충고를 하는 것은 매우 큰 충격으로 받아들여질 수 있다. 겉으로는 괜찮다고 하지만 아닐 경우가 많다. 그러므로 INFP에게는 감정적인 정서적 교류를 하는데 더욱 신경을 써야 한다.

INFP에게 배를 만들게 하려면 기술을 가르치거나 재료를 구해주는 것보다 바다 건너 있는 신비로운 세상에 대해서 이야기를 하는 것이 더 효과적이다. 자기를 개발하는 것을 선호하고 희망과 꿈에 대해 이야기하는 것을 즐긴다. 칭찬은 고래도 춤추게 한다는 말이 INFP에게 매우 적절한 표현이다.

15 - ESFJ

ESFJ는 사랑할 때 연인에게 많은 것을 부여하고, 그 연인에게서 사랑의 의미를 찾고 싶어 한다. ESFJ는 F를 주기능으로 쓰기 때문에 이들의 밝고 사교적인 친절은 상대방으로 하여금 유혹으로 착각하게 만들 수 있다. 그래서 바람둥이라고 말하기도 한다.

ESFJ는 사랑을 진지하고 신중하게 생각한다. 고백했다가 거절을 받을 수 있으니 여러 가지 가능성을 계산한다. 이들의 모습을 보면 사랑의 감정을 숨기지 못한다. 사랑을 계속 확인받고 싶고 그것을 확인하기 위해서 상대방에게 자주 메시지를 보내기도 한다. ESFJ의 친절한 모습 때문에 연인이 질투를 할 수도 있다. 그래서 ESFJ는 연인이 오해를 하지 않도록 조심스러운 행동을 할 필요도 있다.

ESFJ는 연인의 필요와 욕구를 충족시키기 위해 상당한 노력을 기울인다. 그래서 연인의 모든 것을 알고 싶어 한다. 연인과 삶을 공유하며 함께 같은 미래를 계획하는 것을 추구한다.

ESFJ는 상대가 어떤 요구를 하기 전에 그 상대의 필요를 미리 알고 충족시키려고 노력한다. 그래서 좋아하지 않는 일도 연인이 좋아한다면 함께 즐겁게 참여하며 즐길 수 있다. 연인의 생각을 알아가면서 자신도 비슷한 가치를 찾으려고 노력한다.

ESFJ의 상대방에 대해 알기 원하는 특징 때문에 상대는 통제당하는 것처럼 느낄 수 있다. 하지만 이것은 상대와 함께 보내고 싶은 시간이 많다는 것이니 너무 나쁘게 볼 것은 아니다. 상대의 생일, 기념일 등에 이벤트를 챙기는 것도 잘 한다. 연인의 생일 선물을 잔뜩 사거나 기념일을 위해 코스요리를 준비하는 등 특별한 날을 위해 많은 노력을 기울이는 경향이 있다. 크리스마스, 만우절과 같은 날을 그냥 지나치지 않고 교복 데이트 등과 같은 일을 준비한다. 상대는 ESFJ가 준비한 다양한 이벤트에 함께 동참해 주는 것이 필요하다. 이들은 연인을 행복하게 만들기 위해서 큰돈을 쓰는 것도 별로 개의치 않는다.

ESFJ는 종종 다른 사람들을 돌보느라 자신의 일은 소홀히 할 수 있다. 사랑을 시작하면 상대에게 헌신을 하기 때문이다. 상대가 아프면 식사도 잘 챙겨주고 병간호도 힘들어하지 않는다. 상대가 우울하면 즐겁게 해주기 위해 노력을 한다. 물론 자신이 아플 때도 상대방이 이렇게 하길 원한다. 이러한 이타적인 것이 단점으로 작용할 수도 있으니 주의할 필요는 있다.

ESFJ는 상대의 작은 칭찬 표현으로도 행복한 하루를 만들 수 있다. 연인으로부터 자신의 노력을 확인받고 싶어 하며, 연인이 몰라준다면 확인을 받기 위해서 집착할 수도 있으니 꼭 표현을 해 주는 것이 좋다.

16 - ENFJ

ENFJ는 그 누구보다 연인에게 적극적으로 애정을 표현한다. 애정표현을 많이 하는 만큼 ENFJ 또한 많은 애정과 관심을 원한다. 그래서 말이나 행동으로 애정을 표현해 주는 것이 좋다. 베푸는 것을 좋아해서 미처 본인을 챙기지 못하는 경우도 많다. 그래서 ENFJ로부터 호의와 관심을 받았다면 반대로 표현을 해주는 것도 필요하다. ENFJ에게는 매우 큰 기쁨이 될 것이다.

ENFJ는 연애할 때 본인의 취향보다 상대방의 취향에 맞춰 연애하는 편이다. 주관이 없는 것이 아니라 상대를 행복하게 해주려는 자세인 것이다. 또한 연인의 모든 것을 알고 싶어 한다. 예를 들어 연인이 힘들어하는 표정을 짓거나 고민이 있어 보이면 무슨 일이 있는 건 아닌지 관심을 갖고 나서서 해결하려고 한다. 이런 점이 상대를 힘들게 할 수도 있다. ENFJ가 상대에 대해서 걱정을 많이 하기 때문에 나타나는 모습이다.

ENFJ는 보이는 자신의 모습이 최고의 모습으로 기억되고 싶어 한다. 그래서 상대에게 힘들어하는 모습은 보이고 싶어 하지 않는다. 약점을 연인에게 보이는 것을 두려워한다. ENFJ가 자신의 약한 부분을 공유하기 위해서는 꽤 오랜 시간이 걸릴 수 있다. 만약 연인에게 서운함과 힘든 일을 이야기했다면 공감과 위로를 먼저 해주자. 해결책은 그다음에 제시하는 것이 좋다. 사랑에 솔직함이 가장 중요하다고 생각하는 유형이지만 자신의 마음을 종종 숨기기도 한다.

ENFJ는 연인과 함께하는 시간을 1순위로 생각한다. 그러기에 상대를 위해 많은 것을 준비하기도 한다. 연인에게는 헌신을 넘어 충성하는 로맨티스트라고 할 수 있다.

{ 3부 }
궁금한 관계의 도구 MBTI

- 신뢰를 할 수 있는 검사 도구인가요?
- 선호하는 유형이 정해져 있나요?
- 우리말로 부르는 표현이 있던데요?
- 사람을 유형으로 정한다는 것에 대한 비판이 있던데요?
- 카드로 진단하는 것도 보았는데요?

신뢰를 할 수 있는 검사 도구인가요?

우리 저자들은 MBTI를 좋아하는 사람으로서 MBTI를 통해 사람들이 자기다움을 찾고 자신감 있게 살아가기를 바라는 사람들이다. 심심찮게 수면 위로 올라오는 MBTI에 대한 부정적 시선과 평가를 볼 때가 있는데 아쉬움을 감추는 것이 어려울 때가 있다. MBTI는 전혀 과학적이지 않은 일반인이 만든 심리검사에 불과하다는 평가가 있다. 심리학자들이 객관적이고 과학적이라 인정하는 Big Five는 어떤 이론이나 주관적인 관찰을 통해 만들어진 것이 아니라 통계자료를 바탕으로 상관관계를 직접 계산해서 만들었다고 말한다. 이와 달리 MBTI는 융의 심리학적 이론을 토대로 마이어스-브릭스 모녀가 인간에 대한 관심과 관찰을 시작으로 만들었다고 하니 이 이유로 비판을 하기도 한다. 여기에 더해 마이어스-브릭스가 심리학자가 아니라는 점도 비판의 이유에 추가가 된다. 심리학자의 눈으로 MBTI를 바라봤을 때 비과학적이라 할 수 있겠지만 학자의 시선이 아닌 일상을 살아가는 사람들의 시선으로 볼 때 MBTI는 자신과 타인에게 열린 마음과 바람직한 가치관을 갖게 하기에 충분하다. 병리학적 문제가 아닌 심리적으로 회복의 에너지가 부족한 사람들에게 MBTI는 자신만이 가진 성격적 특징을 이야기하고 있으며, 유형별로 설명되는 자신의 강점을 통해 '나도 괜찮은 사람이구나'라는 생각을 통해 심리적 평안을 줄 수 있다.

MBTI는 신뢰도와 타당도를 높이기 위해 끊임없이 연구가 지속되고 있다. 한국MBTI연구소는 매년 아이들이 성장하는 과정에서 어떻게 MBTI가 변화하는지 종단연구를 통해 추적하고 있다. 미국에서 만든 검사이지만 우리나라에서도 연구를 통해 변화하고 있기에 시간이 갈수록 더 깊이 있는 연구 결과들이 생겨날 것으로 기대한다.

'인간을 어떻게 16가지 성격 유형으로만 구분하는가'에 대한 질문을 하는 사람들도 많다. 이는 16가지의 범주로 묶어 사고의 효율을 높인 것이니 16가지를 적다고 할 수 없다. 그 16가지를 통해 인간의 다양성에 효과적으로 접근하게 하니 이 얼마나 유용한 도구인가. 16가지로 엄격하게 나눠서 구분하는 틀로 바라보지 말고 MBTI에서 제공하는 선호 분명도가 있음을 인지하면 단지 16개가 아님을 알 수 있다. 우리는 이미 다른 분류를 경험했을 수 있다. 혈액형으로 구분하기도 하고, 다른 검사에서는 4가지와 9가지로도 유형을 분류한다. 4가지, 9가지, 16가지를 적다고 평가할 것이 아니라 범주의 특성을 이해하고 각 심리검사의 목적을 안다면 가짓수는 고민할 부분이 아니다. 선호 분명도와 MBTI Form Q 버전의 다면척도를 통해 같은 성격 유형이라도 다양한 모습, 다른 성격적 특징을 가진 사람들일 수 있으니 16개의 틀 안에 갇혀 사람을 구분 짓고 유형의 꼬리표를 다는 일은 바람직하지 않다. MBTI를 교육하는 사람 입장에서도 MBTI를 그렇게 한정 짓지 않으니 더 이상 이런 논쟁은 사라졌으면 좋겠다. 그래서 선호 분명도를 잘 이해할 필요가 있다. 특정 유형의 성격적 특징을 드러내는 생각이나 행동을 할 빈도가 높은 경향성일 뿐이지 언제나 늘 꼭 그렇다는 것은 아니다. 그러니 '검사할 때마다 결과가 달라서 믿을 수가 없어요'라고 하기 전에 정식검사를 시행한 것인지, 검사를 할 때 자신의 상황에 변화가 있었던 것은 아닌지 돌아볼 필요가 있다. 또한 자기진단이라는 특징 때문에 결과는 내가 체크하는 대로 나오게 되어 있다. 심리적으로 안정된 상태에서 검사하는 것이 바람직하지, 불안한 상태나 심리적으로 큰 변화가 있을 때 검사하는 건 바람직하지 않다. MBTI 검사를 할 때 오리엔테이션에 다음과 같은 정보를 제공한다.

MBTI는 개인의 심리적 선호를 알아보는 검사로, 자기 이해를 토대로 한 성장과 타인 및 집단과의 상호작용에 도움이 됩니다.

MBTI는 성격이 얼마나 좋은지, 능력이 얼마나 뛰어난지를 평가하지 않는다는 점을 기억해 주시기 바라며…

MBTI는 자신의 추측 유형과 검사 결과 유형을 토대로 제대로 해석을 받은 후 최적 유형(Best-Fit Type)은 스스로 결정한다. 그러니 검사의 목적과 의미, 해석의 과정을 잘 받은 후 삶에 도움을 주는 용도로써 사용될 수 있다. 놀이처럼 재미로 알아보는 것이 문제라 말하기는 어려우나 그 과정과 결과가 사람과 사람을 구분 짓거나 평가하기 위한 용도로 사용되지 않기를 바란다. 유형의 결과로 자신과 사람들을 단정 짓지 말자. 상황, 가치관, 교육 정도, 역할, 주변인 등 개인의 다양한 요인들이 그 사람을 그답게 만드는 것이지 성격 유형으로만 그 사람을 설명하고 해석할 수는 없다. 스스로를 긍정적으로 바라볼 수 있도록 돕는 도구로써 활용하는 것이 가장 적절하다고 볼 수 있다.

선호하는 유형이 정해져 있나요?

각 유형들과 잘 맞는 유형, 선호하는 유형이 따로 있는지 궁금할 것이다. 그것이 정확하게 정해져 있다면 우리는 그 자료를 바탕으로 관계를 형성하면 된다. 가장 크게 따져 볼 관계는 자신과 같은 유형과 반대 유형 중 어느 쪽을 더 선호할지에 대한 점이다. 어느 쪽을 더 선호한다고 할 수는 없다. 같은 유형이라고 말하는 사람도 있고 반대 유형에게 더 매력을 느낀다고 말하는 사람도 있다. 양쪽의 측면을 모두 따져보자.

먼저 같은 유형일 때의 관계를 볼 건데, 외형향(E)과 내향형(I)을 살펴보자. 자신이 외향형이라면 내향형의 사람들이 잘 이해되지 않을 가능성이 크다. 그래서 자신과 같은 외향형을 더 선호할 가능성이 크다. 외향형이 보기에 내향형은 느리고 답답하고 재미가 없는 사람들이다. 물론 반대로 본다면 내향형이 보는 외향형은 성급한 사람들이다. 이러한 관점에서 본다면 같은 유형을 더 선호할 가능성이 크다고 할 수 있다.

감정형(F)과 사고형(T)도 살펴보자. 감정형들은 불안한 모습을 보여줄 때가 종종 있다. 그런 감정형에게 사고형은 더 긴장을 하도록 만들 가능성이 크다. 감정형의 불안을 이해하는 것이 아니라 더 재촉하거나 압박을 할 수 있다. 이런 이유로 감정형은 같은 감정형과 함께 있을 때 편안함을 느낄 수 있다. 반대로 사고형도 불안해하는 감정형을 바라보는 것이 힘들다. 어떤 이야기를 해도 감정에 근거한 판단을 바꾸려 하지 않는 감정형의 모습을 지켜보는 것이 쉽지 않다. 이렇게 본다면 같은 유형이 당연히 더 잘 맞는다고 볼 수 있다.

반대 유형을 선호하는 이유에 대해서도 살펴보자. 외향형(E)은 자신이 너무 외향적이라는 생각으로 안정감이 있어 보이는 내향형(I)과 함께 하고 싶어 하기도 한다. 사고형(T)은 자신이 너무 이성적이고 논리적인 사고를 바탕으로 판단하고자 하는 습관 때문에 감정형(F)의 사고방식에 매력을 느끼고 그런 부분을 배우고 싶어 하기도 한다. 감각형(S)은 너무 현실적으로만 생각하고 경험한 정보만 수집하는데 직관형의 창의적인 아이디어와 새로운 관점들이 부러워 반대 유형인 직관형이 좋다고 말할 수도 있다. 직관형(N)은 자신이 너무 엉뚱하고 비현실적으로 생각할 때 현실을 돌아보게 해 주고 정확한 정보들을 수집하는 감각형(S)이 좋다고 말할 수도 있다.

개인적으로 자신은 어느 유형이 더 좋다고 말할 수는 있지만 그것이 모든 사람들에게 적용되는 법칙이 될 수는 없다. 그래서 중요한 것은 다른 유형을 이해하고 다 함께 잘 지내는 것이라고 결론을 내릴 수 있다. 일부러 같은 유형들을 모아 놓지 않는 이상 부부, 동료 등 우리는 같은 유형끼리 모일 수 없다. 그런 일은 거의 벌어지지 않으니 나와 타인을 인정하고 이해의 폭을 넓히는 전략으로 MBTI를 활용하는 것이 더 좋은 방법이라고 할 수 있다.

우리말로 부르는 표현이 있던데요?

각 유형을 알파벳으로 부르는 것이 아닌 우리 식 발음으로 바꿔서 부르는 것을 들어본 적이 있을 것이다. 그 표현의 정체에 대해서 궁금해할 수 있다. 도대체 이런 표현은 어떻게 해서 생기게 되었을까? 일단 MBTI 전문가들은 배울 때 그런 표현을 배우지 않는다. 즉, 공식적인 표현은 아니다. 누군가가 만들어서 그렇게 부르기 시작한 것인데 젊은 층에서 많이 사용하다 보니 현재는 공식적인 표현인 것처럼 착각을 하게 만들기도 한다. 여기에서는 이런 표현을 권장하는 것은 아니지만 그래도 많이 통용되고 있어 소개를 하면 다음과 같다.

MBTI 전문가들은 약 40대 이상을 대상으로 강의를 할 때는 이런 표현을 사용하지 않는다. 하지만 30대 이하에서는 사용할 수밖에 없기도 하다. 왜냐하면 대상자들이 이런 표현을 써서 질문을 하기 때문이다. 아래에 그 표현들을 표시해 놓았는데, 필요에 따라서 이 표현을 사용해야 할 수 있으니 참고하자.

사람을 유형으로 정한다는 것에 대한 비판이 있던데요?

사람의 '성격'이라는 것은 매우 다양한데 그것을 몇 가지로 규정을 한다는 점에 대해서 비판을 하는 사람들이 있다. 물론 그 말이 틀린 것은 아니다. 어떻게 사람의 성격을 정해놓은 유형

안에서만 말할 수 있겠는가. MBTI를 교육하는 입장에서 우리는 그렇게 사람의 성격을 확정하지 않는다고 말하고 싶다. 이 책의 내용을 통해서도 이미 알았겠지만 전혀 그런 주장을 하고 있지 않다. 이해를 돕기 위해서 사람의 성격을 몇 가지 기준을 정해서 분류를 해 놓았을 뿐이다. 그리고 MBTI에서 분류하는 기준인 외향과 내향, 감각과 직관, 사고와 감정, 판단과 인식이 모든 사람을 판단하는 기준이 될까? 그렇지 않다. 사람의 성격은 더 많은 기준으로 분류할 수 있다. MBTI는 그중에서 일부를 택한 것이다. 그래서 MBTI를 통한 결과를 참고해야 하지, 절대적인 보고서로 생각해서는 안 된다. 그런 점에서 사람의 '성격'을 유형으로 분류하는 것에 대한 비판은 의미 없지 않을까.

이것은 마치 음식의 맛을 우리가 몇 가지 맛 중에서 결정하는 것과도 같다. 맛있는 요리를 먹을 때 그 맛을 정확하게 표현할 수 있을까? 절대 그렇지 않다. 아마 거의 다음과 같이 말할 것이다.

"맛있는데! 단맛과 짠맛이 잘 조화롭게 이루어져 있어. 어떻게 이런 맛이 나지? 짜지는 않아. 난 딱 좋은데."

위 맛 표현을 보면 결국 단맛, 짠맛 두 가지 표현밖에 없다. 함께 저 음식을 먹지 않는 이상 무슨 맛인지 예측하기 어렵다. 공식적으로 정의된 맛은 단맛, 짠맛, 신맛, 쓴맛, 감칠맛 5가지밖에 안 된다. 하지만 그 외의 맛도 분명 있는 게 사실이다. 하지만 그것을 표현할 단어도 없고 전달하기도 어렵다. 성격은 맛의 종류보다 훨씬 많을 것이다. 맛도 이 정도의 단순한 분류를 통해 다른 사람들에게 전달하며 소통하고 있다. 단순한 분류가 오히려 전달을 할 때는 훨씬 큰 강점을 보인다. 정리하기 어려운 성격은 어차피 전달하기 어렵다. MBTI를 비롯해 이런 성격 분류는 우리가 성격을 말하고, 공부하고, 전달하기 위해서 훨씬 유용하다는 점을 알 필요가 있다. 더 많은 성격의 개수로 분류했다면 과연 MBTI는 사람들의 입에 오르내릴 수 있었을까? 그렇지 않았을 것이다.

카드로 진단하는 것도 보았거든요?

한국MBTI연구소에서 만든 성격 진단과는 다르게 카드로 유형을 찾는 방법도 있다. MBTI 전문가들이 검사지 없이 개인의 성격 유형을 찾을 수 있도록 교육용 카드로 개발한 'encourage 성격심리카드'는 120개의 단어카드와 16가지 심리유형별 설명이 들어 있는 카드, 그리고 4장의 매뉴얼로 구성되어 있다. MBTI의 4가지 선호지표를 초록, 보라, 파랑, 주황 4가지 색으로 구분해 놓았으며 대극을 이루는 선호지표는 같은 컬러 안에서 연하고 진한 색으로 구분을 두었다. 각 선호지표별로 15개의 단어를 제시하고 카드 플레이를 통해 자신의 선호지표 4가지를 찾을 수 있다.

MBTI는 검사 후 결과 유형만 제공받을 수 있다면 성격심리카

드는 플레이 과정에서 자신의 심리적 의식구조를 확인할 수 있고 언제 어디서나 사용할 수 있다는 도구의 장점을 갖고 있다. 이 카드의 구입은 아래의 QR코드를 통해서 가능하다.

관계의 도구 지금 당장 MBTI

초판발행　2023년 3월 24일

지은이　　최연희, 이주희, 전은지, 이지선
펴낸이　　Leo Kim
표지디자인　이주희
펴낸곳　　brainLEO

등록　　　2016년 1월 8일 제2016-000009호
주소　　　서울시 양천구 중앙로 324, 203호
전화　　　02) 2070-8400
이메일　　jint98@naver.com
ISBN　　　979-11-978560-5-1 (03180)

파본이나 잘못 만들어진 책은 구입하신 곳에서 교환해 드립니다.
©brainLEO

이 책의 저작권은 brainLEO와 저자에게 있습니다. 저작권법에 의해 보호를 받는 저작물이므로 무단전재와 복제를 금하며, 이 책 내용의 전부나 일부를 이용하려면 반드시 저작권자와 출판사의 허락을 받아야 합니다.